ESSAI HISTORIQUE

SUR

LE CHAPITRE DE ROUEN

PENDANT LA RÉVOLUTION

Par M. l'Abbé P. LANGLOIS

Chanoine honoraire

(1789 — 1802)

Mementote præpositorum vestrorum.
(Hebr., XIII, 7.)

ROUEN

FLEURY | LEBRUMENT
PL. DE L'HÔTEL-DE-VILLE, 4 | QUAI NAPOLÉON, 55

1855

ESSAI HISTORIQUE

SUR

LE CHAPITRE DE ROUEN

PENDANT LA RÉVOLUTION

Par M. l'Abbé P. LANGLOIS

Chanoine honoraire

(1789 — 1802)

Mementote præpositorum vestrorum.
(Hebr., XIII, 7.)

ROUEN

FLEURY	LEBRUMENT
PL. DE L'HÔTEL-DE-VILLE, 4	QUAI NAPOLÉON, 55

1855

LE CHAPITRE DE ROUEN

PENDANT LA RÉVOLUTION,

Par M. l'abbé LANGLOIS,

Chanoine honoraire

————❧❀❧————

Mementote præpositorum vestrorum.
(Hebr., XIII, 7.)

CHAPITRE Ier.

Composition du Chapitre en 1789. — Pressentiments de la Révolution.
— Ouvrages de M. Clémence. — Elections d'Evreux, de Bayeux,
de Caudebec, de Rouen, pour les Etats-Généraux. — Protestations
du Chapitre. — Excès de la presse. — Aumônes du Chapitre. —
Te Deum à Notre-Dame, à l'occasion du serment civique. —
Déclaration du Chapitre, du 5 mai 1790. — Revenus des manses
commune et particulière du Chapitre. — Maisons canoniales. —
Pluralité des bénéfices. — Pensions au cardinal et aux chanoines
dépossédés. — Charité de M. Papillaut — Délibération importante
du 23 novembre 1790. — Dernières volontés du Chapitre. — Séance
du 28 décembre 1790, et dissolution de la Compagnie.

(1789 — 1790.)

Il y a soixante ans à peine que l'ancien Chapitre de
l'église métropolitaine de Rouen a disparu avec ses priviléges, ses droits, ses richesses. Plusieurs de ses membres
ont vécu jusqu'à nos jours ; nous doutons même qu'ils
aient tous fermé les yeux ; et, déjà, on ne se souvient plus
de cette puissante Compagnie qui, naguères, jouait un si
grand rôle dans la ville et dans la province.

Recueillir exactement les noms des chanoines qui la composaient en 1789; donner un aperçu de leurs richesses ; raconter leur dernière et mémorable séance du 28 décembre 1790 ; les suivre dans leur lutte contre l'église constitutionnelle , dans l'émigration , dans les prisons de Rouen, de Paris, de Rochefort, dans leurs carrières diverses depuis le Concordat de 1801 , tel est le sujet assez compliqué, et à peu près inconnu, que j'aborde dans ce Mémoire. Les archives du Chapitre, du district, du département, les renseignements puisés dans plusieurs familles et auprès des vieillards, seront mes guides habituels dans cette période, jusqu'ici très peu étudiée, et pourtant pleine d'intérêt pour notre histoire ecclésiastique et civile.

En 1789, le Chapitre de Rouen se composait de cinquante-six membres, en y comprenant quatre des archidiacres non prébendés et le cardinal de la Rochefoucauld, qu'on peut considérer comme chanoine, puisque, selon un antique usage, il en portait le titre, en revêtait les insignes, et siégeait au chœur au rang des chanoines, n'occupant son trône archiépiscopal qu'aux fêtes triples et solennelles (1).

Voici la liste de leurs noms et de leurs prébendes, en suivant l'ordre de leur installation, excepté pour les dix *Dignités* que je place en tête :

Dominique, cardinal de la Rochefoucauld, 1759. — Jacques-François-Augustin de Carrey de Saint-Gervais, chanoine en 1749, doyen en 1785, prébende de Laize, près Caen. — Denis Davoult, grand-chantre, Londinières et Clais, 23 août 1745. — Nicolas-Marie de la Rue de l'Epinay, trésorier, Saint-Vincent, 19 décembre 1740. — Louis de Goyon, grand-archidiacre, 29 octobre 1763. —

---

(1) Registres capitulaires, 12 avril 1778.

Pierre-Charles-Honoré Bridelle, une portion de Baillolet, 12 décembre 1767, archidiacre d'Eu, le 14 octobre 1788. — Dominique-Antoine-Georges-Frédéric de Riom de Pradt, archidiacre du Grand-Caux, 4 avril 1787. — Jean-Simon-Elisabeth de Brunet de Castelpers de Panat, archidiacre du Vexin français, 4 avril 1787. — Thomas Hardouin d'Oiliamson de Courcy, archidiacre du Vexin normand, 20 juin 1789. — Adrien Osmont, troisième portion de Braquemont, ou théologale, 17 août 1768, archidiacre du Petit-Caux, le 6 mars 1787. — Jean-François Cornet, une portion de Londinières, 9 avril 1748, chancelier et chanoine honoraire depuis 1772. — Nicolas-Michel d'Osmond de la Roque, une portion de Douville, 25 juin 1731. — François-Louis Hellouin de Ménibus du Quesnay, une portion de Clais, 24 octobre 1738. — Maximilien Duval, Epinay, 22 mars 1741. — Nicolas-Alexandre de Bonissent, Panilleuse, 13 novembre 1747. — Anne-Louis-François Perchel, une portion de Londinières, 9 avril 1749. — Etienne Arvillon de Sozai, une portion de Vuy, près Magny, 26 juin 1752. — Jacques Gaillard, Saint-Eloi, 25 septembre 1753. — Jean-Pierre Gommé d'Angerval, une portion de Londinières, 20 mai 1754. — Nicolas-François Leclerc de Beauberon, une portion de Nécy, 12 août 1755. — Louis-J.-B.-Marie Carrel de Mésonval, une portion de Londinières, 24 septembre 1756. — Antoine-Noël-Joseph Gondouin des Moulins, une portion d'Amfreville, 26 novembre 1756. — Isaac Papillaut, le Thil, près Gisors, 14 juillet 1758. — Joseph de Gouyon de Saint-Loyal, Saint-Quentin, 14 août 1759. — Charles-Adrien de Quiefdeville de Belménil, une portion de Braquemont, 19 novembre 1761. — Louis Rondel, Angreville, 6 mai 1762. — Alexandre-Armand le Baillif-Ménager, Amfreville-les-Champs, 10 décembre 1763. — Nicolas Bourgeaux, une portion de Baillolet, 2 avril 1765. — Georges-Charles de Lurienne, une portion de Baillolet, 12 octobre 1765. — Louis-Pierre de la Bruyère, une portion de Clais, 12 août 1766. — Louis Baudet de Morlet, Epinai, 28 mai 1768. — Abraham Sevaistre, une portion de Nécy, 13 mai 1769. — Guillaume-Joseph Clémence, une portion de Nécy, 6 mai 1771. — Bernard Batailler d'Omonville, Saint-Saire, 19 octobre 1771. — François-Félix de Paul de Marbeuf, Ernemont, 22 avril 1772. — Jacques Ravette, une portion de Douville, 22 juillet 1777. — Jacques-Augustin Manoury, une portion du moulin de Londinières, 27 décembre 1777. — Louis-Théopompe Tuvache de Vertville, une portion de Baillolet, 6 juin 1778. — Denis-Robert-Joseph Prevost de la Croix, une portion de Londinières, 29 novembre 1779. — Guillaume-André-Réné Baston, une portion de Baillolet, 13 décembre 1780. — Jean-Baptiste Dubosc, une portion d'Amfreville, 4 août 1781. — Jean-François Martin de Boisville, une portion de Londinières, 17 mai 1782. — Charles de Lanney, une portion de Londinières, 9 décembre 1782. — Jacques Punctis de Cindrieux, une portion du moulin de Londinières, 1er septembre 1783. — Alexandre-Philippe-Prosper Outrequin de Saint-Léger, une portion de Londinières, 6 septembre 1784. — Louis-François le Manissier, prébende de Londinières, dite de Boissey, 14 juillet 1785. — Michel-Alphonse Picot, quatrième portion de Clais, à laquelle était annexée la sous-chantrerie, 27 juillet 1786. — Nicolas Crespin, Saint-Vincent. 15 septembre 1786. — Jean-Baptiste Queyremont, une portion de Londinières, 23 février 1787. — Michel-Ange-Charles Marion, une portion de Braquemont, 10 août 1787 — Joseph-François Leber, une portion de Nécy, 5 novembre 1787. — Jean-Alexandre Baroche, une portion de Baillolet, 13 octobre 1788. — Pierre-François Harel, Connelles, 6 avril 1789. — Joseph Ravette, une portion de Vuy, 18 avril 1789. — Nicolas Tirard de Longchamps, une portion de Londinières, 24 juillet 1789. — François Sabin de Rias de Villeneuve, une portion de Clais, 30 septembre 1789.

Parmi ces hommes, dont les uns étaient docteurs, soit en théologie, soit en droit, comme MM. de Saint-Gervais, Louis de Goyon, Bridelle, Osmont, de Pradt, d'Osmond, Duval, Perchel, Leclerc de Beauberon, Rondel, Manoury, Clémence, d'Omonville, etc., les autres avaient longtemps enseigné dans les universités de Paris ou de Caen, comme MM. Quevremont, Dubosc, Lemanissier, Tirard de Longchamps, etc.; il ne manquait pas d'observateurs qui voyaient qu'on marchait fatalement à une grande révolution. Dans l'assemblée générale du clergé de 1780, l'archidiacre d'Eu, M. Bridelle, avait été de la commission qui fit entendre au Pouvoir ces fermes et prophétiques paroles : « Des productions anti-chrétiennes et séditieuses, répandues avec impunité, font circuler, dans toutes les parties de la monarchie, le poison destructeur de l'irreligion et de la licence ;..... Encore quelques années de silence, et l'ébranlement, devenu général, ne laissera plus apercevoir que des débris et des ruines.... »

La suppression, en moins de neuf mois, de neuf congrégations religieuses, entr'autres des Célestins et des Antonins, par le ministre Brienne, archevêque de Sens, indiquait assez le sort des autres dans un avenir plus ou moins rapproché. La science et le zèle des meilleurs apologistes étaient impuissants à retarder les ravages du philosophisme. Un chanoine de Rouen, l'abbé Clémence, homme fort instruit, possédant le grec, l'hébreu, le syriaque, s'était placé à côté des Bergier et des Guénée, en publiant successivement la *Défense de l'Ancien-Testament contre la philosophie de l'Histoire*, par Voltaire (1768); les *Caractères du Messie vérifiés en Jésus de Nazareth*, ouvrage dédié au cardinal de la Rochefoucauld, et qui eut les honneurs d'une traduction italienne (1776); la *Réfutation de la Bible enfin expliquée*, de Voltaire (1782). Mais que pouvaient les études bibliques et les chefs-d'œuvre d'érudition sacrée ou profane sur un peuple épris de nouvelles théories politiques, et déjà en travail de sa transformation ?

A dater de 1784, le découragement était manifeste dans le Chapitre de Rouen. La Compagnie laissait passer des semaines entières sans se réunir. Plus de discours en Chapitre aux grands jours de l'Assomption et du Jeudi-Saint. Plus de ces Chapitres généraux du 16 août et jours suivants, pendant lesquels, dans la salle capitulaire, toute tendue de tapisseries, se faisaient la démission générale et la nouvelle distribution de toutes les charges, la dénonciation et le redressement des abus. Silence absolu, dans le dernier registre, sur les grandes cérémonies religieuses ou politiques, sur les sacres d'évêques, sur l'entrée de Louis XVI dans la cathédrale (28 juin 1786), et même sur l'exercice annuel de l'antique privilége de saint Romain, dont la Compagnie était cependant si jalouse. En parcourant ce livre si froid, qui ne renferme plus que des prises de possession et quelques délibérations d'intérêt temporel, on voit que le Chapitre sentait sa vie épuisée, et l'approche du moment suprême.

Si quelques optimistes de la Compagnie se fiaient encore à l'avenir, le règlement annexé à la lettre de convocation des Etats-Généraux vint dissiper leur dernière illusion. Outre qu'il donnait au tiers-état autant de représentants qu'aux deux autres ordres ensemble, il accordait une influence décisive au clergé inférieur, en appelant personnellement et sans exception, aux élections, tous les curés, tous les bénéficiers, tous les ecclésiastiques des campagnes, ne fussent-ils que diacres ou sous-diacres, et sans bénéfices, tandis que les Chapitres ne pouvaient envoyer qu'un électeur sur dix membres présents, les ecclésiastiques des villes un sur vingt, et les maisons religieuses un seul . quelque nombreuses qu'elles fussent. Les évêques, autrefois membres nés des Etats, se virent dans l'alternative, ou de n'y plus représenter l'Eglise, ou de mendier les suffrages du nombreux clergé qui leur était subordonné. C'était l'occasion d'une terrible revanche pour le clergé inférieur, que de faux amis s'amusaient depuis longtemps à exciter contre l'épiscopat, les Chapitres et les abbayes.

La province était encore émue des bruyantes protestations des curés du diocèse de Lisieux contre Monseigneur de Condorcet, qui les voulait obliger à une retraite de cinq jours tous les trois ans, et à une conférence théologique de deux heures par mois (1773). Dans trois ouvrages pleins de logique et de verve (1), l'abbé Baston avait fait justice de cette ridicule et scandaleuse opposition; mais les battus, forts de leur nombre, allaient répliquer par le scrutin à ses savantes discussions et à ses satires ingénieuses. Aux élections du bailliage d'Evreux, les évêques d'Evreux et de Lisieux furent contraints de se retirer, après deux heures de lutte contre d'insolentes clameurs. Le fameux Lindet, curé de Sainte-Croix-de-Bernai et futur évêque constitutionnel de l'Eure, avait déclaré, dans une réunion préparatoire, qu'il était temps de *sortir de l'oppression et de secouer le joug de l'épiscopat.* A Caen, même confusion, mêmes scènes

---

(1) *Lettres de Philetès*, curé catholique du diocèse de R. en Angleterre, à MM. les curés du diocèse de Lisieux, in-4°, 1775. — *Confession de l'abbé D.*, auteur des *Lettres de Philetès...* à MM. les curés *protestants* du diocèse de Lisieux, in-8°, 1776. — *Confidences de deux curés protestants du diocèse de L.*, au sujet d'une brochure intitulée : *Défense des Droits du second ordre*, in-8°, 1778.

tumultueuses. L'évêque de Bayeux abandonna la conduite des opérations électorales ; elles ne purent s'achever qu'en présence du procureur du roi et du lieutenant-général du bailliage, et, comme à Evreux, la députation fut exclusivement composée de curés.

Dans les bailliages de Caudebec et de Rouen, les élections du clergé s'accomplirent généralement avec calme et dignité. Le nom, le grand âge du bon et bienfaisant cardinal de La Rochefoucauld contenaient les esprits dans les bornes du devoir. L'attention qu'il avait prêtée, dans la dernière assemblée provinciale (1787), aux questions de finances, de travaux publics, d'agriculture même, l'offre qu'il avait faite de 3,000 liv. pour introduire la culture de la garance en Normandie, l'avaient rendu, plus que jamais, cher à tous les ordres. Aux élections de Caudebec (16-24 mars 1789), l'abbé de Pradt, jeune docteur de vingt-neuf ans, qu'il avait fait son grand-vicaire et archidiacre du Grand-Caux, n'eut qu'à exprimer le vœu du cardinal, son oncle, pour être porté à la présidence de l'ordre du clergé. Cependant, ces prêtres de Caux, si pleins d'une juste déférence pour leur éminent et vénérable chef, en voulaient aussi aux gros décimateurs, aux archidiacres, aux privilégiés, et ils ne prirent pas le change lorsque le jeune président essaya de leur faire oublier leurs propres griefs, en concentrant leurs pensées sur les maux de la patrie. Je ne puis passer sous silence ses paroles, peinture fidèle de la situation des esprits ; c'est le premier discours politique d'un homme appelé à une grande célébrité, qui allait débuter dans la législature à côté de Cazalès et de Maury, pour finir entre Foy et Benjamin Constant, après avoir été, dans l'intervalle, le docile agent de la politique impériale...

« Messieurs, mon premier devoir auprès de vous, le plus cher à mon cœur, c'est l'effusion des sentiments de recon-

naissance et de respect dont je suis pénétré pour cette
auguste assemblée ; il m'est doux de recueillir cette nouvelle preuve de votre déférence pour l'illustre prélat qui
m'a permis de le représenter ; l'empire de ses vertus est
si bien établi dans vos cœurs, qu'ils volent même au-
devant de sa plus imparfaite image.

« Pénétrés, Messieurs, du triste tableau des calamités qui
ont depuis si longtemps affligé la patrie, vos vœux
hâtaient le moment, trop lent au gré de vos désirs, où vous
pourriez vous livrer tout entiers à considérer l'étendue des
maux dont nous gémissons. Ce moment heureux est
arrivé, mais il le sera en vain, si le sentiment d'un patrio-
tisme pur et désintéressé n'est pas le seul qui nous
anime, si l'accord et l'harmonie la plus parfaite ne règlent
toutes nos délibérations. Ministres de paix et de concilia-
tion, faisons retrouver parmi nous, à nos concitoyens, le
modèle égaré de la concorde et de l'union ; écartons toutes
les discussions minutieuses qui pourraient troubler le travail auquel nous allons nous livrer.

« Français et citoyens, c'est à ce titre primitif que nous
sommes ici rassemblés. Ce sont les doléances de la nation,
c'est la dénonciation des maux publics, et non celle de
quelques abus locaux et particuliers, que nous sommes
venus recueillir. Qui oserait détourner sur ses propres
besoins l'attention que méritent tout entière les plaintes
de la patrie ? et tandis que ses plaies saigneront encore,
qui pourrait avoir droit de nous montrer les siennes ?
Elevés ainsi à la hauteur de l'esprit public devant lequel
toutes les relations privées s'anéantissent, vous placerez
l'intérêt général sur les débris de tous les intérêts particuliers, et si le malheur des temps exige de vous des
sacrifices, vous en trouverez le dédommagement et la
récompense dans la pureté de l'offrande que vous ferez à
la patrie. Tels sont, sans doute, Messieurs, les vertueux

sentiments dont vos cahiers renfermeront l'honorable expression ; ils deviendront le monument de votre patrio-tisme , comme celui de votre prévoyante sagesse ; ils vous acquitteront aux yeux de la patrie , et prouveront à vos concitoyens que vous êtes le premier ordre de l'Etat par l'élévation de vos sentiments, autant que par le rang élevé que vous assure la possession de tant de siècles. »

Le clergé de Caux applaudit poliment à ce discours, mais il exclut du scrutin les chanoines et les réguliers pourvus de cures , demanda l'abolition des déports dont vivaient les archidiacres , la tenue des Conciles provin-ciaux , des lois contre la pluralité des bénéfices, l'aug-mentation des portions congrues, et choisit d'abord , à une immense majorité, deux curés pour députés, Pierre-Charles Eudes , curé d'Angerville-l'Orcher , et Louis-François Rosé , curé d'Emalleville. L'abbé de Pradt , longtemps ballotté , fut élu le dernier et ne passa qu'au second scrutin ; on ne lui pardonna même pas quelques paroles de ressentiment qu'il lâcha dans son discours de clôture ; elles soulevèrent un tel orage dans l'église de Caudebec , où siégeait le clergé, qu'il fut contraint de les rétracter du haut de la chaire et de signer sa rétractation. M. Desjardins , curé d'Yvetot, proposa même d'annuler son élection , comme entachée de captation et d'intrigue ; mais le clergé , content de la prompte soumission de son archidiacre , étouffa la proposition (1,.

Les élections de Rouen s'accomplirent paisiblement sous la présidence du cardinal de La Rochefoucauld. Le

---

(1) Procès-verbal des élections de Caudebec, pièce rare dont je dois la communication à M. l'abbé Cochet ; elle fait partie de sa collection de pièces officielles, relatives à l'histoire du diocèse de Rouen.

15 avril , avant de commencer les opérations , il célébra la messe en présence des trois Ordres assemblés dans l'église du collége , et le lendemain , huit cents prêtres des bailliages réunis de Rouen , du Pont-de-l'Arche , de Gisors , de Pont-Audemer , de Honfleur et de Pont-l'Evêque , siégeaient dans l'église des Cordeliers. Le cardinal leur exposa en quelques mots la douleur du roi , les plaies de la religion et de la patrie , et les pressa de venir en aide à l'une et à l'autre. L'abbé de Tressan , l'un de ses vicaires-généraux , attaché par sa naissance aux antiques institutions , mais admirateur de Montesquieu et assez imbu des nouvelles idées politiques , entra dans le vif de la question. Le long discours du jeune orateur se résume ainsi : « Les priviléges du clergé sont une concession que la nation lui a faite ; elle les redemande parce qu'ils pèsent trop sur elle ; elle en a le droit , et par justice il doit y consentir ; quand même elle ne les redemanderait pas , il serait de sa grandeur d'âme d'en faire le généreux sacrifice. » Il fallait donc renoncer aux exemptions pécuniaires , mais en demandant aux Etats-Généraux de maintenir la ligne de démarcation qui devait , disait-il , distinguer éternellement les trois Ordres de l'Etat et les empêcher de se confondre en un seul.

Ces idées libérales , sorties du palais même du cardinal , furent *généralement goûtées* de l'assemblée ; mais elles furent chaudement combattues par M. de Lanney , chanoine de la métropole , ancien avocat général à la Cour des comptes , admis aux élections comme bénéficier du bailliage de Pont-l'Evêque , où il possédait une chapelle de Saint Thomas de Cantorbéri. Il conclut en ces termes : « Offrons à l'Etat, Messieurs, offrons-lui largement, offrons-lui surabondamment, offrons-lui, s'il le faut , et notre superflu, et même notre nécessaire le plus rigoureux , mais défendons avec intrépidité nos priviléges , nos fran-

chises et nos immunités. » Du reste , MM. de Tressan et
de Lanney s'accordaient à reconnaître l'étrange confusion
qui régnait dans l'Etat , la défiance . la terreur, devenues
générales, et l'élan formidable qui, de toutes parts , emportait les esprits.

Le jour des élections (23 avril) fut un beau triomphe
pour le cardinal. Lorsque les scrutateurs , dom Quennonel,
bénédictin de Fécamp , MM. Pottier, supérieur du séminaire de Saint-Vivien, et Aroux , curé de Sainte-Croix-
des-Pelletiers , le proclamèrent élu par 783 voix sur 799,
la joie du clergé éclata en longs applaudissements ; il était
heureux de ce magnifique hommage rendu à la bonté
paternelle et aux vertus de son honorable chef. L'Archevêque, ému jusqu'aux larmes , ne put dire que ces mots :
« Je suis moins sensible, Messieurs , à l'honneur de ma
députation . qu'à l'amitié qui vous l'inspire ; je ne pourrai
vous convaincre de ma reconnaissance qu'en remplissant
exactement vos *ordres*. » A ces mots , l'Assemblée entière
l'interrompant . s'écria que , dans sa confiance sans bornes,
elle ne voulait le charger que de ses vœux et de ses
prières, et la séance se termina dans ce généreux débat
de respect et d'amour.

Le lendemain, les noms des trois autres députés sortirent
de l'urne dans l'ordre suivant : M. Lebrun, curé de Lyons-
la-Forêt ; M. de Grieu, ancien militaire , prieur de Saint-
Ymer ; dom Davoust, prieur des bénédictins de Saint-
Ouen de Rouen. L'Assemblée se sépara le 25 avril après
un *Te Deum* d'actions de grâces.

Ainsi, l'épiscopat, les titulaires de bénéfices simples,
les curés . les moines mêmes , avaient leurs représentants
dans les députations de Caudebec et de Rouen ; le Chapitre
seul , désigné à l'immolation par le règlement , était
entièrement oublié ; il avait envoyé aux élections de Caudebec M. Osmont, chanoine et archidiacre du Petit-Caux ;

son député n'y avait obtenu que le stérile honneur de célébrer la messe d'ouverture et de prendre part au scrutin ; encore, cette dernière faveur lui fut-elle opiniâtrement disputée. Restaient les élections de Rouen où, un moment, il se promit un meilleur succès ; il choisit donc cinq de ses membres, ne pouvant faire plus, pour le représenter au bailliage. M. Leber, ancien supérieur du séminaire de Saint-Nicaise, et M. Tuvache, professeur de théologie au collége paraissaient propres à rallier les suffrages de leurs anciens élèves. MM. de Lurienne et de Belménil pouvaient plaire à la fraction noble du clergé, et M. Manoury, ancien curé de Gainneville, devait être l'homme des curés et des prêtres issus du tiers-état. Vain espoir ! cette Compagnie, jadis si puissante, qui, dans tous les siècles, avait député aux assembées de ville et du clergé, aux Etats Provinciaux et Généraux, sentit qu'elle serait encore une fois éconduite et comme effacée du nombre des corps ecclésiastiques ; elle empêcha donc ses députés de comparaître, et se mit à protester contre le règlement, contre les élections, contre tout ce qui pourrait s'ensuivre. Deux fois elle envoya M. de Lurienne porter sa protestation à l'église des Cordeliers, et deux fois le clergé passa tranquillement à l'ordre du jour. Les évêques de Lisieux et de Comminges, les Chapitres des cathédrales d'Evreux, de Bayeux, d'Avranches, de Lisieux, de Coutances, de Beauvais, des Collégiales de la Ronde, de la Saussaye, d'Ecouis, de Vernon, d'Andely, non moins blessés que celui de Rouen par le règlement et le choix des députés, adhérèrent authentiquement à sa protestation, qu'il déposa le 29 avril au greffe de la chambre des comptes ; il députa même à Versailles, le 1ᵉʳ mai, MM. de Lurienne et de Marbeuf, pour remettre sa cause entre les mains des Etats-Généraux ; inutiles efforts contre une révolution déjà accomplie dans les esprits, et qui allait se formuler promptement en innombrables décrets !

Le dimanche 19 avril, le cardinal termina la quinzaine pascale en sacrant, dans la métropole, Henri-Charles Dulau, archidiacre du Vexin Normand, évêque nommé de Grenoble. Quelques jours après, ses devoirs de député l'appelèrent loin de son église et de son palais qu'il ne devait plus revoir. Vingt mois s'écoulèrent encore entre l'ouverture des Etats-Généraux (5 mai 1789) et la dissolution du Chapitre, vingt mois d'une pénible agonie ! La presse, délivrée de toute entrave par l'imprudence de Brienne, jetait à pleines mains le ridicule sur le clergé et sur les chanoines en particulier, qu'elle représentait sous les emblèmes les plus outrageants. Un des mille pamphlets qui se vendaient à tous les carrefours avait pour titre : *Prière à l'usage de tous les Ordres, contenant le Magnificat du peuple, le Miserere de la noblesse, le De profundis du clergé, le Nunc dimittis du Parlement, la Passion, la Mort et la Résurrection du peuple, le petit prône aux roturiers, en attendant le grand sermon à tous les Ordres.* L'abbé Baston, si bien exercé à la polémique, bien que fatigué de provocations et de calomnies, était réduit au silence en présence de ce déluge d'écrits qui, par leur forme, défiaient toute discussion en règle.

La rigueur de l'hiver, jointe à la cherté des subsistances, donnait lieu aux plus étranges imputations contre les nobles et les prêtres. M. l'abbé de Sozai se vit poursuivi à coups de pierre par les paysans de sa terre de Mouflaines, qu'il soutenait depuis longtemps de ses aumônes. Le cardinal, fort appauvri par de récents décrets, offrit 3,000 liv. pour les pauvres de la ville. Le Chapitre, dont les biens étaient confisqués, s'inscrivit pour la même somme; M. l'abbé Rondel ajouta même un don personnel de 1,000 liv., et M. Duval, tant insulté dans les *Anecdotes ecclésiastiques*, porta à la monnaie sa modeste vaisselle d'argent montant à **24** marcs. Le Parlement, aussi outragé et non moins menacé que le Chapitre, avait provoqué cette souscription, en s'inscrivant le premier pour 40,000 liv.

Cependant, l'office quotidien, la délivrance du prisonnier au jour de l'Ascension, la procession du **15** août, toutes les anciennes cérémonies religieuses se continuaient encore dans l'église métropolitaine. Pour le carême de **1790**, les chanoines appelèrent dans leur chaire le célèbre abbé de Beauregard, dont l'éloquence captiva encore toute la ville. Pensaient-ils que bientôt ils l'entendraient de nouveau dans un obscur oratoire de la ville de Londres, les fortifiant de sa puissante parole contre les angoisses de l'exil?

On sait quel enthousiasme excita partout le serment *civique* prêté par Louis XVI au sein de l'Assemblée (4 février **1790**). Effrayés de la pente qui les entraînait rapidement vers un avenir inconnu, les Français crurent voir dans ce serment le gage d'une paix éternelle entre la nation et son roi. Au *Te Deum* qui fut chanté à cette occasion dans la cathédrale, le Chapitre put croire un moment que les esprits étaient revenus à lui ; la foule était immense, la joie sincère et bruyante. Le chœur, réservé d'ordinaire aux cours souveraines et aux magistrats de tous les Ordres, fut envahi par la multitude ; magistrats, bourgeois, chanoines, chefs militaires, heureux de déposer leurs haines, se confondaient, se félicitaient, s'embrassaient avec effusion. Mais cette paix dura autant que celle du roi et de l'Assemblée, c'est-à-dire un seul jour.

Le Chapitre reçut encore une fois dans la Métropole le peuple et ses magistrats : c'était au service demandé par la garde nationale pour ses frères d'armes tués dans la révolte des régiments de Nancy et morts, croyait-on, pour la défense de la Constitution. M. Des Moulins célébra, assisté de MM. de Morlet et Quévremont. MM. Papillaut,

Perchel, Le Manissier, Baroche et de Longchamp officièrent au chœur ; mais , de temps en temps , des décharges de mousqueterie troublèrent les chants religieux et parurent changer le lieu saint en place de guerre (septembre 1790). Cette funèbre cérémonie , image de la confusion et de l'anarchie où la France était plongée , fut comme les adieux du Chapitre et du peuple de Rouen.

La Compagnie avait gardé le silence lorsqu'on l'avait dépouillée de ses biens ; elle ne put dissimuler sa douleur et ses alarmes quand l'Assemblée refusa de déclarer la religion catholique religion de l'Etat , et de la distinguer des autres cultes. Ce fait , nouveau dans nos annales , semblait un coup mortel porté à l'antique religion des Français , et devait exciter le zèle de ses défenseurs naturels. Une fraction de l'Assemblée , présidée par le cardinal de La Rochefoucauld , avait cru devoir consigner dans un acte public la résistance persévérante qu'elle avait opposée à la délibération du 13 avril. Le Chapitre de Paris publia aussi ses réclamations auxquelles beaucoup de Chapitres de cathédrales et de collégiales adhérèrent authentiquement. Celui de Rouen manifesta ses sentiments par une *déclaration* dont la rédaction est attribuée , en grande partie , à M. Baston (5 mai 1790).

Elle établit d'abord , comme des faits notoires , que la religion catholique seule a joui constamment de la prérogative du culte public et solennel ; que jusque-là, les rois et le peuple français n'en avaient point reconnu d'autres ; que nos rois, à leur avènement, s'engageaient par serment au maintien de la seule religion catholique ; que si les sectes avaient obtenu la concurrence de leur culte avec celui des catholiques , ce n'avait été qu'à de courts intervalles et par une tolérance passagère dictée par l'intérêt du moment, ou extorquée les armes à la main ; que l'édit de novembre 1787 , concernant les non-catholiques, promettait expressément que la religion catholique jouirait seule, dans le royaume, des droits et des honneurs du culte public; qu'enfin, dans presque toutes les instructions des bailliages à leurs députés, on trouvait des vœux précis en faveur de la religion catholique. Commentant ensuite, non sans amertume, le passage où Montesquieu avertit les princes, qui changent la religion dominante, qu'ils s'exposent beaucoup, et ne donnent à l'Etat, au moins pour quelque temps, que de mauvais citoyens et de mauvais fidèles (L. XXV ch. xi); s'élevant avec une véhémence intempestive, mais qu'expliquent très bien l'irritation des esprits, le choc des opinions et des intérêts qui se heurtaient alors comme des vagues en furie; s'élevant, dis-je, contre l'Assemblée qui semblait méconnaître l'influence de la religion catholique sur le bonheur public et particulier, lui refusait l'hommage d'une préférence, pesait, discutait ses droits et ne voulait pas les consacrer, la traitait en religion indifférente, ne lui accordait que la tolérance commune à tous les cultes, et pour toute faveur, mettait ses ministres à la solde de l'Etat, l'auteur finit par ces lignes où éclatent la douleur et la foi de la Compagnie : « .... Nous, dépositaires de ce culte catholique, membres d'une Eglise qui, depuis quinze siècles, le conserve dans toute la splendeur et l'intégrité de ses droits, à la vue d'un avenir aussi affligeant, pourrions-nous ne pas faire entendre les gémissements de notre douleur, ne pas manifester les inquiétudes de notre zèle, et ne pas donner, au moins pour notre consolation mutuelle et celle de tous les bons Français, un témoignage authentique de notre attachement à la religion de nos ancêtres ?

« C'est pourquoi, nous membres du Chapitre de l'église métropolitaine de Rouen, primatiale de Normandie, déclarons adhérer d'esprit et de cœur à la religion catholique , apostolique et romaine , non seulement comme la seule vraie et méritoire du salut éternel , mais encore comme la seule nationale , digne de jouir exclusivement de la solennité du culte public , ainsi qu'elle en a toujours joui , la seule capable , par sa doctrine et sa morale , de procurer le plus grand bien du royaume de France , et sommes résolus de la regarder et professer comme telle, jusqu'à notre dernier soupir.... (1) »

Cette manifestation, eût-elle été irréprochable dans ses formes , devait ajouter à l'emportement des partisans de la révolution. Ils répondirent par des diatribes furibondes : « .... Vous ne pouvez contenir votre douleur, Messieurs, vous rompez le silence lorsque vos richesses scandaleuses vous échappent, lorsque la nation va réduire en poudre le veau d'or auquel vous sacrifiez depuis tant de siècles... Vous criez au sacrilége ! à la profanation ! .... Quels autels a-t-on brisés ? Quels temples sont renversés ? Quels blasphêmes sont sortis de la bouche de nos représentants? La tyrannie , la superstition , le fanatisme, voilà les dieux qu'ils ont détrônés ! Que leurs ministres gémissent et les vengent !.... Nous espérons que les décrets de l'Assemblée vous rapprocheront de votre divin modèle ; rappelés à la simplicité des premiers âges , à l'humilité, à la médiocrité des apôtres , libres des soins d'ici-bas , vous vous élèverez vers les objets célestes , et vous nous retracerez ces beaux siècles où l'Eglise avait des vases d'argile et des ministres d'or.... » Ces dérisions amères, calomnieuses , et parfois obscènes , étaient intitulées : *Observations des fidèles chrétiens du diocèse de Rouen , sur la déclaration du Chapitre de l'église métropolitaine de cette ville , primatiale de Normandie* (2).

---

(1) Cette pièce fut supprimée par jugement du Tribunal de police, du 12 mai 1790, imprimé chez Seyer ; 7 p. in-8.

(2) 22 pages in-8 sans nom de lieu , d'auteur, ni d'imprimeur.

Les richesses du Chapitre, qui excitaient tant de clameurs et de haines, se divisaient en deux parts distinctes : la manse commune, dont les revenus étaient versés au trésor de la Compagnie, et la manse particulière composée des cinquante prébendes dont les cinquante chanoines étaient titulaires, et dont chacun d'eux percevait directement les produits. Les 9 et 10 septembre 1790, une Commission mixte, composée de MM. Perchel, de Marbeuf, Ravette aîné et de Longchamp, pour le Chapitre ; Goube et Lefèvre, pour le district, dressa le tableau général des revenus de la manse commune : terres, bois, dîmes, maisons, moulins, droits seigneuriaux et rentes de toute espèce, rien n'y est oublié, pas même le modeste produit des troncs et des chaises de l'église ; le total est de 174,055 liv., somme qui suffisait difficilement aux frais du culte, de la musique, de la bibliothèque, aux distributions que recevaient les chanoines pour leur présence au chœur, et surtout aux réparations d'une basilique gigantesque, qui ont effrayé tous nos gouvernements depuis cinquante ans, et absorberaient sans peine aujourd'hui plusieurs millions.

Il serait beaucoup plus difficile de dire quelque chose de précis sur la manse particulière. Le revenu propre d'un chanoine pouvait provenir de trois sources, savoir : du produit ou *gros* de sa prébende, de sa maison canoniale et de ses assistances au chœur. Mais les prébendes étaient d'une valeur fort inégale : celle de Saint-Eloi rapportait à M. Gaillard 40 liv. ; celle de Saint-Vincent autant à M. Crespin, Les nombreuses portions de Londinières, de Baillolet, etc., valaient 80 liv. à leurs titulaires ; la prébende de Saint-Saire avec haute justice, droits seigneuriaux, treizièmes, etc., donnait à M. Batailler d'Omonville 150 liv. ; la première portion de Braquemont à M. Marion, 850 liv. ; la grande chantrerie à M. Davoult, 500 liv,; la

prébende d'Angreville à **M**. Rondel , 700 liv. ; celle d'Ernemont à **M**. de Marbeuf , 2,000 liv. ; le Thil à **M**. Papillaut , 3,000 liv. ; Vuy à **M**. de Sozai , 2,000 liv. ; une
portion de Braquemont à **M**. de Belménil , 3,075 liv. ;
enfin , **M**. de St-Gervais , doyen de la Compagnie , affer-
mait sa prébende de Laizé , près Caen , 3,600 liv. , et les
deux fermes du doyenné , situées à Saint-Waast-d'Equi-
queville , 4,900 liv.

Les maisons canoniales n'étaient qu'au nombre de
vingt-cinq , et appartenaient de droit aux anciens membres de la Compagnie qui en obtenaient la jouissance
d'après l'ordre de leur installation ; leur produit annuel
variait de 600 à 3,000 liv. ; la plupart, comme celles de
MM. d'Angerval , le Baillif-Mesnager , Rondel , de Mésonval , Papillaut , Leclerc de Beauberon , Perchel , de
Bonissent , Cornet , Davoult , de Saint-Gervais , donnaient
en moyenne environ 1,500 liv. ; celles de MM. de Sozai et
Duval , d'un revenu de 2,400 liv. et de 3,200 liv. , faisaient
exception ; les vingt-cinq chanoines , derniers installés ,
se logeaient à leurs dépens.

Il n'y avait d'égalité pour tous que dans les distributions pour les assistances au chœur. A la condition d'une
assiduité rigoureuse , impossible en pratique à cause des
maladies , de l'âge , des affaires , etc. , elles pouvaient
monter, pour chacun , à 2,400 liv. , qui se payaient sur le
trésor de la manse commune ; communément elles restaient bien au-dessous de cette somme ; d'où il résulte
que beaucoup de chanoines , non logés , et pourvus des
plus faibles prébendes , jouissaient d'un revenu qui dépas-
sait à peine 2,000 liv., et que beaucoup , en possession
d'une maison canoniale , attendue pendant vingt ans et
plus , ne touchaient pas 4,000 liv. Deux, MM. de Bonissent et d'Osmond , recevaient 5,000 liv. ; trois ,
MM. Duval , Papillaut , de Belménil , environ 7,000 liv. ;

au-dessus, nous n'avons trouvé que le doyen, M. de Saint-Gervais, dont le bénéfice valait 12,000 liv.

La médiocrité de la plupart des canonicats explique, excuse même, la pluralité des bénéfices chez plusieurs membres du Chapitre. Ainsi, M. de Sozai était titulaire des chapelles du château de Dangu et de Saint-Nicolas-de-Roquigny, paroisse de Gueures (ensemble 760 liv.); M. de la Croix, des chapelles de Saint-Philibert de Pomart-les-Beaune, et de Folgoët, diocèse de Quimper (1,200 liv.); M. de Marbeuf, de la chapelle de Saint-Aubin-du-Tilleul, à Bacqueville (600 liv.); M. Perchel, de celle de la Belle-Verrière, dans la cathédrale de Rouen (1,900 liv.). M. Leber possédait la chapelle de *Bonne-Victoire*, dans la cathédrale de Noyon, (2,400 liv.); M. Manoury, les chapelles de Notre-Dame-de-Surgibourt, près Meaux, et de Sainte-Marie-Agathe, paroisse d'Haveskerque, près Hazebrouck (2,000 liv.); M. Tuvache touchait une pension de 2,000 liv, sur l'évêché de Blois. Ces faveurs, ajoutées à une modique prébende, étaient à peine de l'aisance au sein d'une grande ville.

Nous ne prétendons pas cependant qu'aucun membre du Chapitre de Rouen ne payait tribut à cette époque de relâchement et de décadence; il faut convenir que quelques-uns, en cumulant bénéfices et pensions, justifiaient un peu l'attitude hostile du clergé rural aux dernières élections et le soulèvement général des esprits contre la faveur et les abus. Ainsi, M. Crespin touchait 2,000 liv. sur l'évêché de Nantes, 900 liv. sur l'archevêché de Cambrai, et le revenu d'une chapelle de la cathédrale de Paris. M. Clémence possédait le prieuré de Saint-Martin-de-Machecoul, diocèse de Nantes, les chapelles de Térouane, diocèse de Poitiers, de la Peyrade, dans la cathédrale de Tarbes, et de Sainte-Catherine dans l'église de Flavacourt (ensemble 3,000 liv.). M. Cornet, chancelier du Chapitre, gratifié par brevet du roi d'une pension de 1,500 liv. sur l'abbaye de Signi , avait encore obtenu les chapelles de Saint-Martin-du-Pont , de Monneville en Vexin , de Loricat et d'Halbout, au diocèse de Bayeux. L'abbé de Pradt recevait 12,000 liv. de l'archidiaconé du grand Caux et du prieuré de Dammarie , près Bar-le-Duc. M. Baroche unissait à son canonicat le prieuré de Saint-Michel-du-Waast , diocèse de Boulogne , les chapelles de Sainte-Catherine , dans l'église de Saint-Nicaise de Rouen , et de Saint-Wulfran dans le château de Sainte-Barbe-sur-Gaillon. M. Osmont était chanoine , archidiacre du petit Caux et prieur commandataire de Sainte-Madeleine de la Fontaine-aux-Bois , au diocèse de Sens (13,500 liv.). M. de la Bruyère jouissait d'une pension de 3,000 liv. sur l'évêché de Nantes. M. de Cindrieux , outre le prieuré de Bellencombre , possédait celui de Manthe ou Mantoz , au diocèse de Vienne (12,500 liv.). Le prieuré de Beaulieu , valait 10,000 liv. à M. de Ménibus ; la protection du cardinal de La Roche-Aymon avait procuré à M. Ravette aîné , âgé de dix-huit ans, son canonicat et le prieuré de Saint-Siméon-de-Bressieux , en Dauphiné (9,000 liv.'. M. d'Williamson avait 11,000 liv. comme archidiacre du Vexin normand , abbé d'Hermières et pensionnaire de l'évêché de Saint-Papoul. Enfin, M. Bridelle, le plus favorisé de tous , titulaire d'un canonicat, de l'archidiaconé d'Eu , du prieuré de Saint-Pierre-de-Rumilly , diocèse de Boulogne , et de l'abbaye de Notre-Dame-du-Val , au diocèse de Bayeux, recevait 22,000 liv. de ses quatre bénéfices. Ces faveurs extraordinaires , l'un des grands dangers de l'Eglise', étaient heureusement le partage du petit nombre ; encore est-il juste de dire que plusieurs de ces privilégiés s'étaient signalés dans l'église par leurs talents et leurs services. L'abbé Crespin, orateur distingué , était devenu prédicateur ordinaire des rois Louis XV et

Louis XVI , et prêcha encore devant ce dernier l'avent de
1789. L'abbé Clémence, ancien grand-vicaire de Poitiers
et de Lisieux , avait été comblé d'éloges dans deux assemblées du clergé de France (1780 et 1782) , et recommandé
par elles aux prélats chargés de la feuille des bénéfices ,
avec les pères Houbigant et Berthier , les abbés Guénée ,
Gérard , Bergier , de Gourcy, Contant de la Mollette , du
Voisin , Godescard , de la Blandinière. M. Bridelle ,
vicaire-général du cardinal , excellait dans le maniement
des esprits et la conduite des affaires. Son discours sur le
choix des présidents, qui entraîna toute l'assemblée du
clergé de France de 1780 , son long rapport sur l'expec-
tative des grades et les plaintes de la Faculté de théologie ,
sont d'un profond canoniste et d'un administrateur con-
sommé (1).

A dater du 1er janvier 1790 , tous les revenus des manses
commune et particulière furent perçus au profit de
l'Etat. L'assemblée, il est vrai , en s'emparant des biens
ecclésiastiques , s'était engagée à pensionner les titulaires
dépossédés , mais le district et le département ne fixèrent
les pensions des chanoines de Rouen qu'à la fin de
1791, quelques-unes même en 1792. On avait accordé
30 000 liv. au cardinal, en 1790 ; on le réduisit à
10,000 liv. , en 1791 ; l'année suivante, il fut trop heureux de se sauver par Boulogne , dans les Pays-Bas
(20 septembre 1792). La pension se réglait en proportion
des revenus que les bénfficiers avaient perdus , mais elle
ne pouvait excéder 6,000 liv. , même pour les mieux
pourvus. MM. Bridelle , de Pradt, Osmont, de Ménibus ,
obtinrent seuls ce maximum. Beaucoup furent réduits à
3,000 et à 2,000 liv. ; quelques-uns même , comme MM. Le

---

(1) Procès-verbaux des assemblées du clergé , 1780 et 1782.

Manissier, Quevremont, d'Omonville, de Lanney, n'eurent que 1,600 et 1,700 liv. ; mais c'est à peine si la marche précipitée de la révolution permit aux plus heureux de toucher quelques quartiers. Pendant deux ans d'attente et de sollicitations, on les avait ruinés en taxes pour les pauvres, pour l'équipement des volontaires, et en contributions patriotiques qui montaient à 400, 900 et même 12,000 liv., comme celles de MM. Joseph de Gouyon, de Ménibus et Osmont. M. de la Bruyère, qui depuis longtemps avait laissé son bien, par contrat, à sa famille pauvre et nombreuse, était tombé tout à coup dans le dénûment. Les plus anciens payaient chèrement au district le loyer des maisons que quelques-uns venaient de rebâtir à grands frais, où ils avaient rêvé de vivre et de mourir ; M. de Sozai venait de dépenser 20,000 liv. à la sienne, lorsqu'un acquéreur de biens nationaux l'en expulsa en août 1791.

L'âme de M. Dubosc se brisait à la pensée de perdre l'unique bénéfice qu'il avait, en quelque sorte, conquis par ses longs travaux, comme professeur de belles-lettres dans l'Université de Paris et comme curé de Saint-Pierre-le-Portier. « Je tiens mon bénéfice de mes grades, écrivait-il au District, et de mes travaux comme professeur septennaire. Droit de grade, droit national, dont l'origine remonte à la pragmatique-sanction si chère aux Français et rétablie pour les élections ; c'est-à-dire que je tiens mon bénéfice de la libéralité de la nation, en récompense de mes travaux et de mes services publics ; récompense qui, après le droit acquis, s'est fait attendre pour moi près de vingt années. Je demande à la nation le remplacement de l'état dont elle m'avait gratifié et qu'elle a jugé à propos de supprimer. Les récompenses d'une nation loyale et généreuse doivent être stables et permanentes ; il y va de l'honneur du donateur et du donataire.... Je demande que la chapelle où reposent les cendres de Guillaume Longue-Epée, l'illustre fondateur de ma prébende, me soit accordée pour y remplir ses pieuses intentions... Je ne dirai point que je puis montrer des preuves imprimées de mes travaux, soit de ceux qui m'ont procuré une chaire de l'Université, à la fleur de mon âge, soit de ceux qui m'ont mérité les suffrages du public durant l'exercice de cette chaire ; que la voie des grades de septennaire, bien loin d'être abusive, était fort utile au tiers-état contre les abus ; que toujours les lettres ont été honorées ; que la maison de Pindare et le patrimoine de Virgile furent respectés dans des temps de proscription ; mais je dirai que la seule apparence de solidité dans les raisons ci-dessus alléguées, suffit quand il s'agit d'un dé-pouillement qui, de sa nature, est odieux. » (28 octobre 1790.) La pension de M. Dubosc ne fut réglée qu'en octobre 1791.

M. Papillaut était connu comme le père des pauvres, en particulier des petits savoyards, qu'il réunissait chaque dimanche dans une chapelle de Notre-Dame pour s'en-quérir de leurs besoins et leur parler de Dieu. Privé tout-à-coup de son canonicat, dont il avait toujours distribué les 7,000 livres avec la plus noble imprévoyance, il se trouva dans la détresse après avoir travaillé quarante-deux ans pour l'église. Touchés d'une misère qui retombait sur tous les malheureux, les administrateurs du district pressèrent le département de la secourir : « Il importe au repos de M. Papillaut, et surtout à sa bienfaisance, que vous lui fassiez délivrer une ordonnance de 1,000 liv. pour subvenir à ses besoins et à ceux des pauvres qui l'entourent » (9 décembre 1790). Trois mois après, il n'avait rien reçu ; le district insista : « Nous vous obser-vons, Messieurs, que M. Papillaut a contracté l'habitude de subvenir aux besoins des malheureux, et que cette habitude bien connue est cruellement contrariée par le retard du paiement de la pension qu'il demande » (22 février 1791). Ces quelques lignes émanées d'une administration révolutionnaire, dans un temps de déchainement général contre le clergé, étaient un éclatant hommage rendu à la charité de **M. Papillaut**; cependant il n'obtint de pension qu'en novembre 1791.

Le moment fatal de la dissolution du Chapitre approchait; ses biens étaient en vente, les portes de la bibliothèque et du chartrier scellées par les agents du district (18 septembre 1790), et la suppression du clergé des cathédrales décrétée par l'Assemblée nationale. Une séance capitulaire fut donc *termée extraordinairement*, *per juramentum et domos*, au 23 novembre 1790, pour consigner dans un dernier acte les sentiments et les dernières volontés de la Compagnie. Cette délibération capitale, que le registre journalier n'a pas conservée, et dont la biographie de **M. Tuvache** contient quelques dispositions (1), se résume ainsi : « Le Chapitre ne doit obéissance à la puissance temporelle qu'en ce qui est du ressort de **cette** puissance ; dans les choses spirituelles, il ne peut reconnaître de supérieurs que l'Eglise catholique, et ceux à qui elle aurait délégué ses pouvoirs. Lorsqu'ils ne pourront plus se réunir dans leur église pour y chanter les louanges de Dieu, et y prier au nom du peuple de cette grande ville et de tout le diocèse, les chanoines, en quelque lieu qu'ils habitent, réciteront leur bréviaire à l'intention ci-dessus indiquée. La messe du chœur étant le sacrifice journalier de la ville et du diocèse, offert néanmoins plus spécialement pour les fondateurs et bienfaiteurs de la cathédrale, chaque chanoine dira annuellement, ou fera dire aux

______

(1) Par M. l'abbé Neveu, président de l'Académie en 1854-55.

intentions susdites un certain nombre de messes qui,
réunies, équivaudront au nombre des messes quotidiennes,
et les représenteront devant Dieu, avec cette clause
expresse : qu'au *Memento* des morts, il sera fait mention
de l'âme du cardinal d'Amboise, suivant l'ancien usage
introduit dans le Chapitre par la plus juste des reconnais-
sances (1). A l'égard des fondations particulières, quoique,
dans l'exactitude des principes, elles ne soient plus à la
charge de ceux qui ont cessé d'en posséder les biens,
chaque chanoine dira pareillement ou fera dire un certain
nombre de messes, dont le total équivaudra à celui des
obits et messes particulières que le Chapitre faisait célébrer. Le Chapitre, dispersé par la force, emportera avec
lui la plénitude de sa juridiction et devra en continuer
l'exercice. Pour l'exercer sont nommés : promoteur,
M. Perchel; vicaires généraux : MM. de Saint-Gervais
doyen, Papillaut et Tuvache, dans les mains desquels
demeurera déposée toute l'autorité spirituelle du Chapitre,
et qui devront résider à Rouen. Le cas échéant de la
vacance du ███-Siége, les mêmes vicaires généraux
seront revêtus, *ipso facto*, de tout le pouvoir qui, par le
droit canonique, appartient aux églises cathédrales, tant
que la chaire de l'évêque est vacante ou qu'elle n'est pas
canoniquement remplie. Dans le cas de mort ou de l'ab-
dication de quelqu'un des vicaires généraux ou du promoteur, les vicaires généraux restant feront choix, pour
le remplacer, d'un prêtre pris autant que possible dans le
corps capitulaire; ils reçoivent à cet effet du Chapitre le
pouvoir nécessaire pour communiquer l'autorité qui leur
est en ce moment déléguée. Donnant à cette dernière
espèce de délégation toute l'étendue qu'elle doit avoir,

---

(1) Voir : *Voyages liturgiques de Moléon*, p. 374.

vu la nécessité des circonstances , le Chapitre accorde à ses vicaires généraux, à son promoteur, et aux autres chanoines qu'ils pourraient rassembler pour délibérer, le pouvoir spécial de régler, faire ou consentir tout ce qu'ils jugeraient bien être pour l'état spirituel et ecclésiastique de la Compagnie, ainsi que pour la paix et la restauration de l'Eglise de France. La démarche que le Chapitre fait aujourd'hui , applaudie par ceux qui connaissent toute l'indépendance de l'Eglise et de ses ministres dans les choses purement spirituelles , sera peut-être improuvée par ceux qui sont moins éclairés et moins disposés à croire aux sacrifices du désintéressement, à l'empire du zèle et de la conscience. Le Chapitre proteste qu'il ne fait cette déclaration que pour constater son droit et son obligation au service divin , à l'oblation du sacrifice et à toutes les autres fonctions à lui confiées par l'Eglise, fonctions dont il n'a pu être investi , dont il ne saurait être dépouillé par l'autorité d'une puissance temporelle quelconque. Du reste , la Compagnie reconnaît que l'Eglise est maîtresse de reprendre le dépôt qu'elle lui a confié; elle promet la soumission la plus entière , sitôt que celle-ci manifesterait la volonté de concourir avec la puissance temporelle à l'extinction des Chapitres dans la hiérarchie . . « Nous nous estimerions heureux, dit-elle en terminant, d'avoir contribué, du moins comme victimes, au retour de l'ordre, qui peut seul réparer une partie des malheurs publics : cet espoir nous suivra dans nos retraites , et répandra quelques douceurs sur les restes solitaires d'une vie que nous aurions voulu user tout entière au service de l'Eglise. »

Etaient présents, et apposèrent leur signature sur la minute double : MM. de Saint-Gervais, doyen ; Davoult, Delarue, Bridelle, Osmont, Duval, Perchel, Gaillard, de Morlet, d'Angerval , Des Moulins , Papillaut, d'Omonville , Quévremont, de Quief-Deville, de Goyon, de la

Bruyère , Tuvache , Manoury , Dubosc , Baston , Baroche.
Marion , Leber , Harel.

Etaient absents , et signèrent ensuite comme adhérents :
MM. de Lurienne , Carrel de Mesonval, de Sozai , Picot,
de Lanney, de Boisville , de Marbeuf, Mesnager , Rondel,
Ravette *senior* , Ravette *junior*, de Bonissent, Crespin, et,
pour M. Bourgeaux infirme et en vertu de sa procuration,
Bolingue.

Enfin , après un mois de cruelle attente , M. de Saint-
Gervais fut officiellement aver i par le district que le 28 décembre , à 10 heures du matin , ses agents viendraient
procéder à la dissolution du corps capitulaire et de tout le
clergé de la cathédrale. Le matin même du 28, à l'issue
des matines, M. de Saint-Gervais avertit ses confrères que
la Compagnie touchait à son dernier moment , et sur le
champ , l'on décida que le Chapitre tout entier, même les
archidiacres non chanoines , et les chanoines *in minoribus*,
seraient convoqués pour la séance de 10 heures.

A l'heure indiquée , après l'office de sexte, qui fut chanté
comme à l'ordinaire , les chanoines . suivis de leurs chapelains et de tout le clergé inférieur, se rendirent du chœur
dans la salle capitulaire. Ils étaient revêtus de leurs habits
canoniaux , costume magnifique et imposant, qu'à dater
de ce jour on ne devait plus revoir (1). La salle où ils
allaient siéger pour la dernière fois, est cette pièce étroite
et longue, élégamment voûtée , qui se voit encore au côté

____

(1) L'aumusse de gris et menu-vair, la chape noire ou long manteau à queue et à parements de velours rouge. Le petit camail
fourré, ou aumusson qui couvrait la tête et les épaules, et , au-
dessus , le grand camail noir, terminé en pointe et à parements
amarante, dont le capuchon tombait derrière le cou et ne servait
qu'en temps de pluie pour couvrir et conserver l'aumusson.
(*Voyages liturgiques de Moléon* [Lebrun-Desmarettes] p. 277, et
Archives du Chapitre.)

septentrional de l'église. Des toiles de Jouvenet, de Van Der Bosckt, des écoles d'Italie, en décoraient les murs. De cette enceinte, pleine d'antiques et augustes souvenirs, étaient sortis des cardinaux, plusieurs papes, et, dans le seul xviiie siècle, seize évêques, dont beaucoup vivaient encore (1). A peine les chanoines y sont assis, que deux bourgeois, représentants de ce pouvoir populaire qui, en ce moment, dominait et absorbait tous les autres, MM. Goube et Lefêvre, paraissent à la barre, et, exhibant les titres de leur mission, déclarent qu'ils viennent supprimer le Corps capitulaire et saisir le mobilier de

---

(1) Pierre Clément, chanoine de Rouen, évêque de Périgueux, 1703-1719. — Armand-Jean de la Vove de Tourouvre, grand archidiacre de Rouen, évêque de Rodez, 1716-1733. — Bertrand-Jean-Réné Du Guesclin, chanoine de Rouen, évêque de Cahors, 1741-1766. — Charles de Grimaldi, archidiacre du petit Caux, évêque de Rodez, 1746-1770. — Jacques Richier de Cerisy, chanoine et grand-archidiacre de Rouen, évêque de Lombez, 1751-1771. — Arthur-Richard Dillon, chanoine de Rouen, puis évêque d'Évreux, archevêque de Toulouse ef de Narbonne, 1753-1790. — Martial-Louis Beaupoil de St-Aulaire, chanoine et grand-archidiacre, évêque de Poitiers, 1759-1790. — Marc-Antoine de Noé, archidiacre d'Eu, évêque de Lescars, 1763-1790. — Joseph-François d'Andigné de La Chasse, grand archidiacre, évêque de Saint-Pol-de-Léon, 1763-1772. — Charles-Antoine Gabriel d'Osmond de Médavy, archidiacre, évêque de Comminges, 1764-1785. — Fr. Joseph de La Rochefoucauld-Bayers, archidiacre du Vexin normand, évêque de Beauvais; périt dans le massacre des Carmes, septembre 1792. — Pierre-Augustin Godart de Belbeuf, archidiacre du Vexin français, évêque d'Avranches, 1771-1790. — Jean-Auguste de Chastenet de Puységur, archidiacre du Vexin normand; successivement évêque de Saint-Omer, de Carcassonne, et archevêque de Bourges, 1775-1790. — Dominique de Lastic, archidiacre du grand Caux, évêque de Conserans, 1780-1790. — Ch. Constant d'Agoult de Bonneval, archidiacre du Vexin français, évêque de Pamiers en 1787; mort dans la retraite, à Paris, le 21 juillet 1824. — Henri-Charles Dulau D'Allemans, archidiacre du Vexin normand, évêque de Grenoble en 1789.

l'église , devenu propriété nationale. Alors , **M.** de Saint-Gervais , doyen , prenant la parole , parla en ces termes au nom de la Compagnie :

« Messieurs , le sort que viennent d'éprouver presque toutes les églises cathédrales du royaume , nous préparait aux ordres que vous nous apportez. Nous sommes attachés aux mêmes fonctions que les ministres de ces églises antiques et vénérables ; leurs principes sont les nôtres ; comme eux, nous devons les manifester avec la liberté de l'Évangile.

« Appelés de Dieu pour coopérer à l'œuvre du ministère ; placés dans le sanctuaire par l'autorité de son Eglise, nous n'avons point usurpé l'honneur d'être les organes de la prière publique , le Conseil et le Sénat du premier Pasteur, de gouverner le diocèse pendant la vacance du siége , d'exercer une juridiction habituelle sur une partie du troupeau. Si ces prérogatives nous sont enlevées , au regret de les perdre, se joindra celui de ne plus rendre en corps, à la religion et à la société, les services dont notre état nous imposait le devoir et nous offrait des occasions multipliées.

« Jusqu'à ce que la puissance ecclésiastique et la puissance civile aient concouru à la suppression que vous nous annoncez , nous ne pouvons nous regarder comme dépouillés de ces prérogatives , ni comme affranchis de ces devoirs. Nous attendrons, avec une soumission religieuse, la décision du Souverain Pontife et du corps épiscopal. C'eût été nous dégrader , même à vos yeux , que de retenir ces vérités captives , en un moment où il nous est donné d'en faire la profession solennelle. Nous vous demandons , Messieurs , de les consigner dans vos registres comme un hommage que chacun de nous s'est empressé de rendre à l'inviolable sainteté de nos engagements. Ces engagements nous imposent l'étroite obligation de remplir les fonctions sacerdotales attachées à nos titres et à nos prébendes. Nous y sommes contraints par la religion du

serment ; y manquer serait une désertion et un parjure ;
et, si la force impérieuse de la nécessité ne nous y contrai-
gnait , nous ne croirions pas même pouvoir en suspendre
l'exercice (1). »

Après ce discours , écouté dans un profond silence , le
procureur-syndic observa que, depuis la promulgation du
décret de l'Assemblée nationale , les chanoines de Rouen
n'étaient plus une corporation ; qu'en conséquence , il ne
pouvait accepter des paroles prononcées au nom de tous ,
ni les insérer au procès-verbal.

Ce refus n'empêcha pas les chanoines de demander aux
envoyés du district copie du discours qu'ils avaient
adressé au Chapitre à l'ouverture de la séance. Ceux-ci
répartirent adroitement qu'ils n'avaient point fait de discours, qu'ils étaient de simples délégués, des porteurs
d'ordre , et que leur mission se bornait à les exécuter.

Tandis qu'ils rédigeaient leur procès-verbal , M. de
Saint-Gervais représenta avec une force nouvelle que, ne
pouvant se regarder comme privés de leurs droits et
affranchis de leurs obligations , les chanoines de Rouen
étaient résolus de continuer l'exercice de leurs fonctions ,
tant que la force ou d'autres obstacles insurmontables ne
s'y opposeraient pas. Plusieurs chanoines, prenant tour à
tour la parole , insistèrent sur cet article capital , pour
arracher aux commissaires du district la déclaration
précise de leurs intentions. Ceux-ci répondirent en sub-
stance qu'ils seraient fâchés d'employer aucune violence ,
mais, qu'au nom de leurs commettants , ils défendaient à
MM. les chanoines de faire, dans l'église cathédrale, aucun
acte de corporation , et d'y remplir aucune des fonctions
ci-devant attachées à leurs titres éteints par la loi.

---

(1) *Récit de ce qui s'est passé en l'église cathédrale de Rouen le
28 décembre 1790. Rouen , Ve Laurent-Dumesnil , 15 pages in-12.*

Passant ensuite du Chapitre dans l'église avec **MM.** Perchel , de Marbeuf et Ravette aîné , commissaires désignés par la Compagnie , ils prirent possession de tous les ornements , vases , livres , tableaux , etc., renfermés dans la basilique. Cependant les chanoines continuant de délibérer , arrêtèrent que , dans l'après-midi , à l'heure ordinaire , ils se présenteraient à l'église pour célébrer l'office de none et de vêpres. Mais **M.** de Saint-Gervais , présumant que cette tentative serait inutile , saisit ce moment suprême pour déposer dans le sein de ses confrères une dernière protestation de son inviolable attachement. Tous, profondément émus, et tombant dans les bras les uns des autres, répondirent en protestant de leurs éternels sentiments de confraternité et d'amour.

La cloche de vêpres , comme on l'avait prévu , ne se fit pas entendre. Cependant plusieurs chanoines, poussant jusqu'à sa dernière limite le zèle du devoir , se présentèrent pour l'office à l'heure accoutumée , mais ayant trouvé fermées et scellées les portes de l'église et de la salle capitulaire , ils se rassemblèrent chez **M.** de Saint-Gervais où vinrent aussi **MM.** Perchel , de Marbeuf et Ravette. Ceux-ci racontèrent que les délégués du district avaient terminé leurs opérations en apposant le scellé sur les portes des sacristies et même sur les grilles du chœur. Ce récit mit le comble aux douleurs de la Compagnie. Elle était donc bannie pour jamais de ce sanctuaire où, depuis tant de siècles, elle allait en commun porter le tribut de la prière. Tous se regardaient en pleurant, croyant à peine à l'événement qui brisait leur carrière , et les jetait , au déclin de la vie , dans un avenir inconnu et qui paraissait plein d'orages.

CHAPITRE II.

Conduite du clergé inférieur de la Cathédrale. — Serment à la constitution civile du clergé. — Ecrits de M. Baston — Installation et démission de M. Charrier de la Roche, évêque constitutionnel. — Election de M. Gratien. — Charité des habitants de Rouen pour les prêtres insermentés. — Huit mille insermentés réfugiés en cette ville. — Arrestation, devant Quillebœuf, de M. Baston, avec deux cent soixante-dix ecclésiastiques qui faisaient voile pour Ostende. — Départ des autres chanoines pour l'exil.

(1791 — 1792.)

Il y avait dans la métropole, au-dessous des chanoines, un nombreux clergé composé des *petits prébendés*, des chapelains de chœur, des musiciens et clercs-chantres des colléges des *Clémentins* et d'*Albane*, la plupart prêtres, qui devaient au Chapitre leur éducation cléricale et leurs modestes bénéfices. Depuis quelques temps, ces ecclésiastiques, véritable tiers-état de la Cathédrale, las d'assujétissements et de semonces, travaillés, comme toute la masse du clergé inférieur, par un esprit de réaction contre les grands de l'ordre, s'étaient publiquement constitués en assemblée délibérante, et avaient noué des relations avec le district. Le jour même de la chute du corps capitulaire, qu'ils avaient voulu voir de leurs yeux, ils furent convoqués, par lettres, pour le lendemain (29 décembre), dans la salle du Chapitre où ils ne se firent pas attendre. Pour eux, le commissaire du district brisa les sceaux qui en fermaient l'entrée, il les y installa avec le titre de *Prêtres-Desservants de la Cathédrale*, et rehaussa la cérémonie par un discours auquel l'un d'eux, l'abbé Roque, répondit par des paroles de soumission et de reconnaissance. Levant ensuite le scellé des portes du chœur, il les fit asseoir dans les hautes chaires, leur donna, lui commissaire, tous les pouvoirs qu'il pouvait leur donner pour continuer l'office canonial à la place du Chapitre, et aussitôt l'abbé Roque entonna l'office de Sexte, au milieu des bruyantes conversations de la multitude, accourue pour contempler ce nouveau clergé d'institution civile et populaire. On remarqua qu'il ne portait plus l'aumusse de couleur rousse ni le long manteau à queue et à parements de drap rouge ; le commissaire avait proscrit ces insignes comme un souvenir de la domination du Chapitre, ne leur laissant que le camail terminé en pointe et à passements amarante (1).

La fameuse Constitution civile du clergé acheva de précipiter dans le schisme ces ecclésiastiques mutinés contre leurs chefs légitimes. Le dimanche, 16 janvier 1791, en présence du marquis d'Etouteville, maire, et de plusieurs officiers municipaux, à l'issue de la grand'messe et au milieu d'un immense concours de peuple, les sieurs Roque, Desnoyers, Leleu, L'hernaut, Mignot, prêtèrent serment à la constitution, et avec eux l'abbé Dury, aumônier de la garde nationale, l'abbé Chalambert, aumônier du régiment de Navarre, les capucins Chardon et Le Breton, MM. Pottier, supérieur du séminaire de Saint-Vivien, et L'hoste, professeur de théologie ; tous avaient signé précédemment à la commune l'engagement de prêter ce serment à la première réquisition de l'autorité. Par sa profonde science des Ecritures, par son ascendant sur les prêtres qu'il avait formés, M. Pottier était une conquête considérable pour l'Eglise constitutionnelle de

---

(1) Cas de conscience adressé aux chapelains, par M. Baston ; 6 janvier 1791; 16 pages in-8.

Rouen ; elle espérait en faire son évêque aux prochaines élections. Sommé le premier de prêter un serment, jusques-là sans précédents, il franchit le pas en prononçant ce discours où se peignent l'incertitude et le tourment de son âme :

« Messieurs, le moment est venu où chacun doit s'énoncer clairement. Périsse le respect humain. Que la conscience seule, en présence du juge des vivants et des morts, parle et s'explique. La loi exige aujourd'hui que dans ce temple, et en qualité de fonctionnaire public, je prononce le serment civique décrété par elle. Mille considérations extérieures et redoutables m'en détournent; mon cœur seul me dit que je le puis, et que, par conséquent, je le dois ; la suite m'apprendra si mon cœur me trompe. Quoi qu'il arrive, je ne puis croire que je me repente un jour d'avoir franchi le pas, n'ayant en vue que mon devoir, la gloire de Dieu et la réforme des abus.

« Je suis catholique et je le serai jusqu'à la mort ; je n'ai jamais étudié que l'Evangile et je ne sais que cela ; je hais la dispute et l'ai en horreur ; j'aime la sainte Eglise de toute mon âme et je désire son triomphe. Me sauver moi-même et sauver mes frères par la méditation et la pratique de la loi de Dieu, voilà mon attrait, voilà tout mon but. Du reste, je ne juge personne, je ne condamne personne ; me juge qui voudra, peu m'importe ; j'en appelle à Dieu et au jugement de son épouse, l'Eglise catholique, apostolique et romaine, dans le sein de laquelle je suis né, j'ai vécu et je veux mourir. En conséquence, je jure de remplir mes fonctions avec exactitude, d'être fidèle à la nation, à la loi et au roi, et de maintenir de tout mon pouvoir la Constitution décrétée par l'Assemblée nationale et acceptée par le roi. »

Ce discours, imprimé et répandu à milliers, faisait le triomphe des constitutionnels ; mais six jours après, l'auteur se rétracta avec éclat, par devant le tribunal du district, fit signifier sa rétractation à la commune, la publia par la voie de la presse, et répara sa faute d'un moment par de courageux écrits en faveur de la saine doctrine, et plus tard par le martyre ; l'abbé l'Hernaut, cédant comme lui à des motifs de foi et de conscience, se rétracta aussi publiquement. (25 janvier.)

Le dimanche suivant (23 janvier), huit ecclésiastiques prêtèrent serment à Notre-Dame, entr'autres Nicolas Bignon, professeur au collége, et l'abbé de Calonne, ancien curé de Torcy-le-Grand. Le même jour, Denis Davoult, chanoine et grand chantre, jusqu'alors très uni à ses confrères, se sépara d'eux avec éclat ; sur sa demande écrite, le maire alla recevoir son serment à domicile où l'enchaînait son grand âge ; le 21 septembre 1792, il fit encore serment d'être fidèle à la nation, et de maintenir la liberté et l'égalité ; enfin le 27 février 1793, le vieillard moribond manda une troisième fois le maire, et jura devant lui de défendre la liberté et l'égalité, et *de mourir à son poste en les défendant.* Il expira le 7 mai suivant à 90 ans, ayant joui 46 ans de sa dignité, la seconde du Chapitre (1. Il est le seul membre du Chapitre de Rouen qui ait adhéré à la constitution civile ; tous les autres suivirent le conseil de leur illustre chef, le cardinal de

---

(1) Denis Davoult, licencié en droit, d'abord chanoine et official d'Avranches, fut installé chanoine et grand chantre de Rouen le 23 août 1745, à la place de son oncle J.-B. Davoult, qui lui avait résigné sa prébende et sa dignité. Il fit réparer et redorer à ses frais le bâton cantoral, chef-d'œuvre d'orféverie, dont le poids était de douze livres ; il était orné d'un beau lierre ciselé, qui montait en spirale jusqu'au sommet, et couronné par une lanterne renfermant quatre statuettes : celle de la vierge au milieu, et autour d'elle, trois prélats, sans doute les patrons de l'Église de

la Rochefoucauld : *Le seul serment que nous devions faire, c'est celui de n'en faire aucun.*

La violence de la tourmente révolutionnaire emporta, coup sur coup, plusieurs anciens membres de la Compagnie ; M. Sévaistre mourut le 24 janvier 1790, à quatre-vingts ans ; M. d'Osmond, chanoine depuis soixante ans, président de la Société du commerce et de l'agriculture dans l'Assemblée provinciale de 1787, et qui avait réuni 15 voix dans la dernière élection du doyen, contre 27 obtenues par M. de Saint-Gervais, termina sa carrière le 8 décembre de la même année ; M. Leber, le 1er octobre 1791 ; M. Clémence, dans sa maison de Quevilly, le 5 août 1792 ; M. Bourgeaux, depuis longtemps infirme et grabataire, le 24 octobre 1793 ; M. Leclerc de Beauberon, docteur et doyen de la faculté de théologie de Caen, homme d'une science et d'une simplicité antiques, dont nous avons un docte traité ; *De homine lapso et reparato,* s'était éteint à Caen le 4 décembre 1790, à 75 ans ; il fut inhumé avec pompe le 5 décembre, sous le portail de l'église Saint-Nicolas de cette ville.

La révolution opérée dans la cathédrale, et surtout la prise de possession de M. Charrier de la Roche, premier évêque constitutionnel (14 avril 1791), imprimèrent une nouvelle direction aux travaux de M. Baston : jusques là,

---

Rouen (inventaire de 1760). Lors du pillage de la cathédrale par les protestants, en 1562, le baton dont se servait le grand chantre par la permission du pape Nicolas V, avait disparu. En 1647, sur les requisitions du célèbre Jean Leprevost, alors promoteur, on décida : *qu'il serait fait un bâton cantoral d'argent doré, pour estre porté aux bonnes festes, par M. le chantre, le plus beau et le plus honneste que faire se pourra* (reg. cap. 1er fév.); c'est celui que fit redorer Denis Davoult, et qui disparut à son tour en 1792.

à part sa polémique contre les curés du diocèse de Lisieux et ses traités théologiques, il avait paru se complaire dans les fictions. Les *Entrevues du pape Ganganelli, servant de suite aux lettres du même pontife, par Caraccioli* 1 vol. in-12, 1777 ; *Voltairimeros, ou première journée de M. de Voltaire dans l'autre monde*, ouvrage dédié à M. de Saint-Gervais ; 2 vol. in-12, 1779 ; les *Narrations d'Omaï*, insulaire de la mer du Sud, qui voyage en Europe, et retourne dans son archipel pour lui donner une constitution (4 vol in-8, 1790), — car tout auteur avait alors sa constitution en tête, — avaient paru dans les dix années qui précédèrent la révolution ; mais froissé dans ses croyances encore plus que dans ses intérêts par les progrès de la révolution, le fécond et caustique écrivain ne pouvait garder le silence, ni surtout faire grâce à ces *desservants* de la cathédrale qui prétendaient succéder, dans le chœur, au Chapitre et au cardinal de la Roche-foucauld. Il y avait à peine huit jours qu'ils trônaient, de par le district, dans les hautes chaires du chœur, à la place de leurs anciens maîtres, qu'il leur fit payer cette élévation par un écrit anonyme intitulé : *Solution d'un cas de conscience proposé par quelques uns de MM. les chapelains de la cathédrale de Rouen* (1, « Ou ne parlez-pas de MM. du Chapitre, leur dit-il, ou dites-en du bien.... La conduite opposée que vous affectez, vous a fait tort dans l'esprit des honnêtes gens, de ceux même qui, en affectionnant la révolution, aiment que l'on ne soit pas ingrat..... On rira de vous entendre prôner votre haute antiquité, dire à la multitude, qui souscrit à tout, que vous avez précédé les chanoines, vous prêtres clémentins, institués, je crois, par Clément VI, dans le xive siècle.

____

(1) 6 janvier 1791, 16 p. p. in-8.

Cette jactance ne nuit à personne, libre à vous de vous reporter au déluge, et de sortir de l'arche avec tous les êtres vivants que Noé y sauva; mais sur le reste, soyez circonspects; et ne vous permettez-pas la plus injuste satire contre le corps respectable auquel vous vous imaginez succéder; …. justifiez et prouvez votre mission; faisiez-vous, dans l'église de Rouen, un corps à part? N'étiez-vous pas autant de branches de cet arbre antique que la coignée de la révolution vient d'abattre à coups redoublés? Le tronc est coupé; branches, dites-le moi, d'où empruntez-vous votre sève? La chute du Chapitre entraîne la vôtre; vous viviez avec lui et par lui; il meurt, vous n'êtes plus! »

En quinze mois, vingt autres brochures de différentes dimensions témoignèrent de la doctrine et du zèle de M. Baston; nous citerons: *Réponse aux calomnies des clubistes de Rouen, consignées dans leur pétition touchant la destruction des maisons religieuses — Doutes proposés à M. Verdier, curé de Choisi-le-Roi, sur sa promotion à l'episcopat.* (M. Verdier, élu évêque de Rouen, avait accepté, puis refusa cette dignité.) *Lettre d'un curé à M. Charrier de la Roche, élu évêque de la Seine-Inférieure. — Remarques sur la circulaire de M. Charrier, du 18 mai 1791. — Analyse raisonnée et critique des ouvrages de M. Charrier sur la constitution civile. — Remontrances au peuple. — Aperçu d'un citoyen sur le serment, etc., etc.* Ces écrits et bien d'autres de la même date, pleins de logique, de verve et de finesse, perçaient à jour l'église constitutionnelle à son origine même, et précipitèrent sa déconsidération et sa ruine.

De son côté, le cardinal de la Rochefoucauld ne restait pas muet en face du danger que couraient sa juridiction et son diocèse; sa *Lettre* du 23 janvier 1791 signale aux électeurs de Rouen le schisme où ils vont se précipiter et les maux inséparables de l'introduction des pasteurs illégitimes ; son *Instruction* du 20 février développe les mêmes pensées, découvre à ses diocésains l'illusion du ministère qu'on allait exercer au milieu d'eux, la nullité des actes qui en découleraient, le vide et la stérilité des fonctions que l'Eglise n'aurait pas marquées du sceau de son approbation. Par son *Ordonnance* du 5 avril, il déclare l'élection de M. Charrier radicalement nulle, et incapable de lui conférer aucun droit sur l'Administration spirituelle du diocèse, que la mort seule, une démission volontaire ou une déposition canonique pouvaient enlever au titulaire ; il défend à cet ecclésiastique, sous les peines portées par les canons contre les schismatiques et les intrus, de prendre possession du siége de Rouen, et d'exercer aucune fonction épiscopale dans le diocèse ; même défense aux évêques constitutionnels de Versailles, d'Evreux, d'Amiens et de Beauvais, de s'ingérer dans le gouvernement des parties du diocèse de Rouen irrégulièrement soustraites à leur légitime pasteur.

L'autorité civile vint promptement au secours de l'église qu'elle avait fondée. Le tribunal du district, par jugement du 24 mars 1791, jugement appuyé d'assez longs commentaires doctrinaux, ordonna que l'instruction pastorale de l'*ancien prélat* serait lacérée et brûlée par la main du bourreau, au pied du grand escalier du palais. Le directoire du département fit réimprimer à 2,500 exemplaires les ouvrages théologiques de M. Charrier, en faveur de la constitution civile, et en inonda toutes les mairies et tous les presbytères (16 avril 1791). M. Heudes, curé insermenté de Saint-Patrice, fut traîné dans la maison d'arrêt, pour avoir baptisé, dans sa maison, un enfant que son père refusait de présenter au curé sermenté ; la populace, ameutée, outragea indignement, sur la place publique, des femmes qui n'allaient pas aux offices des constitutionnels.

L'installation solennelle de M. Charrier (14 avril), le débordement d'écrits et de pamphlets qui s'ensuivit, mirent le comble à l'effervescence des esprits. Ce choc terrible des opinions et des pouvoirs, cette lutte implacable du droit et de l'usurpation, répétée dans toutes les familles, divisant l'époux d'avec l'épouse, le père d'avec les enfants, lassa bientôt M. Charrier; sa demeure même lui était disputée : on y organisa un banquet dans la salle des Etats, pour fêter le retour des députés de la Constituante (19 octobre 1791). « Cette salle, dit le journal du temps, où jadis on délibérait comment on riverait les fers du peuple, a été purifiée par de nombreuses libations à la nation et à la liberté. » L'évêque envoya sa démission au département, le 26 octobre, et s'ensevelit dans la retraite, à Lyon, d'où il ne sortit qu'en 1802, réconcilié avec l'Eglise, pour monter sur le siége de Versailles. La seule trace de son passage, dans Notre-Dame, est la démolition des dossiers et dais gothiques qui couronnaient les stalles du chœur, et disparaissaient aux grandes fêtes sous des tapisseries aux armes d'Amboise, représentant les histoires de saint Jean-Baptiste, de la Passion, de la Vierge, de saint Romain et de saint Georges.

M. Gratien, vicaire de l'église de Chartres, élu évêque de Rouen le 26 février 1792, fut sacré dans la Cathédrale le dimanche 18 mars, par le fameux Lindet, évêque constitutionnel d'Evreux, assisté des évêques de Beauvais et de Périgueux, Massieu et Pontard; son entrée en fonctions fut le signal d'une nouvelle guerre de plume : toujours sur la brèche, M. Baston publia : *la Rareté ou les inassermentés, justifiés par M. Gratien.— M. Gratien invité à revoir ses assertions sur le mariage.* Déjà il avait donné, en 1791, la *Doctrine catholique sur le mariage,* dont l'indissolubilité était menacée dans l'Assemblée nationale. M. Gratien se défendit par des écrits qui témoiguent d'une érudition remarquable, sinon d'une saine doctrine.

Mais la révolution se précipitait, et les questions doctrinales allaient faire place à des questions de vie et de mort ; partout, notamment dans le district de Dieppe, les prêtres insermentés étaient maltraités, expulsés à coups de sabre de leurs églises et de leurs paroisses. Dans certains départements, on les enfermait dans une maison commune, ailleurs on leur donnait une ville pour prison, en les assujétissant à un appel journalier ; à Rouen, au contraire, ils jouissaient encore d'une grande liberté, ce qui les attira de toutes les provinces en cette ville, au nombre d'environ huit mille ; M. Baston, témoin oculaire, l'affirme dans ses mémoires inédits. La modération des autorités leur promettait une retraite tranquille : la charité des habitants subvenait à leurs besoins. Cependant, la prise des Tuileries (10 août 1792), ayant accru la fureur populaire, le directoire de la Seine-Inférieure, redoutant quelque émeute sanglante, arrêta, le 18, que sous trois jours, les prêtres insermentés s'éloigneraient à une distance de trois lieues au moins, ou seraient renfermés dans une maison de sûreté. Beaucoup s'éloignèrent, et cependant l'agitation alla croissant ; elle était telle au 27 août, que toutes les sections se déclarèrent en permanence, sur l'invitation de la quatorzième, séant à l'Evêché, sous la présidence de l'évêque Gratien.

A Paris, la crise, parvenue au plus haut degré par les victoires du peuple et l'approche des Prussiens qui investissaient Verdun, aboutit aux massacres des 2 et 3 septembre ; la nouvelle de cette boucherie, où M. Pottier avait trouvé la mort, au séminaire Saint-Firmin, où deux évêques du nom de La Rochefoucauld venaient d'expirer aux Carmes en s'embrassant, fut un terrible réveil pour les insermentés qui restaient encore à Rouen. Ils se précipitèrent en foule dans les bureaux du district pour obtenir des passeports ; il en fut délivré six cents dans les dix premiers jours de septembre et mille dans le courant du mois.

Il y avait, dans le port de Rouen, plusieurs navires en chargement pour Ostende, et les capitaines offraient aux fugitifs de les y transporter en huit jours pour 150 liv. Cette facilité de sortir de France, à si peu de frais et sans aller chercher à travers mille dangers un port de la côte, séduisit beaucoup de prêtres ; du 1er au 7 septembre, deux cent soixante-dix ecclésiastiques, entr'autres M. Baston, M. Beaufils, depuis vicaire-général du cardinal prince de Croï, M. Desjardins, curé d'Yvetot, dom Lelorrain, prieur du Mont-aux-Malades, prirent leurs passeports pour Ostende, et descendirent le fleuve sur trois navires qui se suivaient à un jour de distance. Le temps était mal choisi : toutes les têtes bouillonnaient au récit des massacres de Paris, dépeints comme une grande victoire sur les ennemis de la patrie ; partout circulait une sorte de proclamation signée Marat, invitant les patriotes à égorger les *traîtres*, avant de marcher à la défense des frontières. Tous les villages de la Basse-Seine étaient dans l'effervescence des élections présidées à Caudebec par l'évêque Gratien, et qui envoyèrent Albitte et Pocholle à la Convention (5 septembre 1792). Le 4, sur l'autre rive du fleuve, sept prêtres avaient péri, les uns assommés, les autres noyés dans la Risle (1). Tel était l'état des esprits dans ces contrées, quand le premier navire, chargé de cinquante-six fugitifs, arriva en vue de Quillebeuf (7 septembre) ; un peu au-delà il entrait dans l'Océan ;

______

(1) *Journal de Perlet*, 14 septembre 1792. — Barruel, *Histoire du clergé*, t. II, p. 186.

mais il fallut attendre la marée pour passer outre , et ce jour-là même , dix-sept communes étaient réunies à Quillebeuf pour le tirage des jeunes soldats. Les prêtres se tenaient cachés dans la cale , mais le secret est trahi par les pilotes , et aussitôt les jeunes gens , persuadés que ces fugitifs vont se réunir aux ennemis de la patrie , se jettent armés dans des chaloupes et se précipitent dans le navire qui menace de couler sous leur poids. Tremblants , à genoux dans la cale , les prêtres se préparaient à mourir ; les officiers municipaux parviennent à peine à calmer les furieux , en leur promettant que les passagers seront aussitôt débarqués et retenus en prison , jusqu'à ce que la Convention ait prononcé sur leur sort. « Oh ! s'écrie l'abbé Baston , qui pourrait raconter les peines sans nombre de ce débarquement ! comme ce peuple de la campagne frémissait , hurlait , blasphêmait ! comme il accablait d'injures et de mauvais traitements ces hommes que naguères il respectait comme ses pères , comme ses guides !.... En mettant pied à terre , un vieillard à cheveux blancs tomba dans la vase ; il s'y serait noyé au milieu des rires et des huées , si quelques prêtres n'eussent exposé leur vie pour le sauver. » Aussitôt débarqués , les prisonniers sont jetés dans de misérables réduits , manquant de nourriture , de paille et même d'espace pour étendre , sur la terre nue , leurs membres fatigués. Le lendemain , 8 septembre , arrive le second navire avec cent fugitifs ; ils éprouvent le même sort que leurs confrères , et restent à la garde d'une populace furieuse qui délibère , tout haut , sur le massacre de ses prisonniers.

Le Directoire du département , qui avait tout fait pour hâter la fuite de ces malheureux et prévenir l'effusion du sang , apprit avec douleur l'évènement de Quillebeuf. Par ses ordres , et à ses frais , cent hommes de la garde nationale , avec deux pièces de canon , furent embarqués sur le coche de La Bouille ; d'autres partent volontairement à pied, et s'adjoignent deux cents hommes que leur accorde la municipalité de Pont-Audemer. A l'approche de cette force imposante, les bandes stupides de Quillebeuf se dispersèrent, les prisons s'ouvrirent comme d'elles-mêmes, et les prêtres, la veille du jour fixé pour leur massacre, s'acheminèrent vers Rouen sous l'escorte de leurs libérateurs.

Mais comment les ramener dans une ville où l'exaltation du peuple pouvait s'accroître de leur retour et déborder l'autorité des magistrats ? Le district envoya sagement au-devant d'eux un de ses membres, M. Védie, avec ordre d'arrêter leur marche, de changer la destination de leurs passeports et de les diriger sur un des ports du département (15 septembre). Ce fut à Moulineaux, le matin de la journée du 16, que M. Vedie les rencontra, la plupart malades de fatigue, d'émotions, des mauvais traitements qu'ils avaient essuyés à Quillebeuf, et incapables de faire un pas de plus. Il changea à la hâte les passeports des plus valides, qui s'acheminèrent comme ils purent vers la côte, à travers les campagnes et les bois. M. Beaufils, dépouillé de tout à Quillebeuf, comme tous ses compagnons d'infortune, vint en personne demander au district une indemnité pour continuer sa route ; il reçut 36 liv. pour dix jours d'embarquement infructueux et pour gagner le port de Dieppe (17 septembre) ; quant aux malades, M. Védie prit sur lui de leur accorder quinze jours de délai pour leur embarquement, et il les déposa, le jour même, sous l'escorte de la garde nationale, dans la maison des frères de Saint-Yon, à l'extrémité du faubourg Saint-Sever.

Le même jour arriva au district une pétition de cent quatorze ecclésiastiques, embarqués sur le troisième bâtiment, le *Petit-Neptune*, de Dunkerque, capitaine

Pluket , relâché à La Mailleraye et menacé par le peuple ;
ils demandaient à être ramenés vers Rouen et déposés
assez loin de la ville pour éviter les dangers d'un débarquement dans le port. M. Baston montait ce navire dont il
nous a raconté l'étrange destin ; en deux nuits et un jour,
pendant lesquels le tiers des passagers couchait sur le pont
pour éviter l'asphyxie , il était parvenu devant Duclair et
déjà le pain manquait à bord. Une députation descendue
pour en acheter , fut poursuivie par le peuple et se rem-
barqua les mains vides. Pendant que le navire avance ,
quatre autres prêtres se donnent la mission d'aller à Pont-
Audemer et à Quillebeuf, en faire cuire 1,200 livres , que
le bâtiment devait trouver prêtes à son passage ; deux
passèrent la nuit dans la forêt de Brotone , traqués pendant le jour comme des bêtes fauves par les milices ru-
rales , les deux autres dans une méchante auberge du
Vieux-Port où ils coururent danger de la vie. Tous quatre,
au lieu de vivres , rapportèrent la sinistre nouvelle des
événements de Quillebeuf Deux matelots ayant remonté
jusqu'à Duclair pour acheter du pain , en chargèrent tellement leur esquif qu'il coula bas avec sa cargaison si impa-
tiemment attendue; la famine et la consternation régnaient
parmi les passagers.

Dans les communes riveraines , le tambour roulait sans
cesse pour avertir les populations de la présence du navire, et de se tenir sur leurs gardes. L'apparition soudaine
d'un corsaire de Barbarie aurait causé moins de rumeur
et d'effroi sur une côte d'Italie ou de Sicile. Des barques
chargées de volontaires et de paysans tournaient autour
du navire , à l'ancre devant La Mailleraye , et accablaient
les prêtres de menaces et d'injures. Des amis accourus de
Rouen à leur secours sont jetés en prison. Bientôt le bâtiment est comme pris d'assaut et envahi par une multitude
furieuse ; des piquets de gardes stationnent sur le tillac ;

mais les patriotes se lassèrent bientôt de garder des hommes inoffensifs sur un navire affamé; au bout de quelques heures ils avaient tous regagné le rivage.

Cependant le capitaine était descendu avec ses hommes jusqu'à Quillebeuf pour s'assurer si le passage était libre. Seuls à bord avec le mousse, enfant de 12 à 13 ans, les passagers purent songer librement à leur salut. L'abbé Baston, un curé de Rouen et deux autres qui s'échappèrent furtivement du navire, vinrent demander du secours à Caudebec, dont la municipalité s'était déclarée en permanence. Celle-ci, malgré quelques opposants et la colère d'une population prévenue, accueillit, protégea les quatre proscrits; elle leur apprit que, d'après un récent arrêté du district de Rouen, le *Petit-Neptune* allait remonter le fleuve jusqu'au passage de Croisset, qu'il y trouverait M. Védie pour changer l'itinéraire des passeports, et une garde suffisante pour la sûreté du bâtiment et des passagers. Pour M. Baston et ses trois confrères, la destination de leurs passeports fut changée à Caudebec même, d'où ils gagnèrent à la hâte Dieppe et l'Angleterre.

Dans ces jours néfastes, les autorités, la garde nationale, les habitants de Rouen, avaient bien mérité non-seulement des prêtres de Normandie, mais encore du clergé de France tout entier. Parmi cette multitude d'ecclésiastiques qu'ils avaient accueillis, nourris, qu'ils sauvèrent d'une mort certaine à Quillebeuf, ou dont ils facilitèrent l'évasion par les ports du département, il y en avait de Paris et d'Autun, de Limoges et de Périgueux, d'Albi, de Reims, de Rochefort, de Vendôme, de Béziers, de Tulle, de Bordeaux, d'Angoulême, de Gex, de Lille, etc., etc; beaucoup de la Sarthe, de l'Orne et de l'Eure, et trois de Rennes, dont l'infortune peint celle de tous les autres. Expulsés de leurs foyers par un arrêté du département d'Ille-et-Vilaine, et errant de pays en pays, ils s'étaient comme tant d'autres, réfugiés à Rouen Chassés de Rouen par l'arrêté du département du 18 août, ils se dirigèrent sur Paris. Ils arrivaient en cette ville, quand la loi du 26 leur apprit qu'ils devaient sortir sous quinze jours du royaume, sous peine d'être déportés à la Guyane. Ils voulaient donc se rapprocher de la mer, mais à partir du 29 au soir, les barrières de Paris furent fermées pour les visites domiciliaires et l'arrestation des suspects. La Seine même était gardée jour et nuit par des pataches, et les milices de la banlieue avaient ordre d'arrêter quiconque errait sur les routes ou dans les campagnes. Après les massacres des 2 et 3 septembre, quand la liberté des passages fut rétablie, ils purent enfin revenir à Rouen, d'où ils écrivirent au district : « Nous espérons que vous voudrez bien recevoir notre déclaration, et nous accorder un passeport pour l'étranger. Vous ne repousserez pas trois infortunés qui s'adressent à vous avec la confiance que mérite votre justice bien connue, et, en portant sur eux et sur leur situation malheureuse un regard d'intérêt, vous les mettrez dans le cas de bénir votre nom sur une terre étrangère.

« DESPRÉS, *ci-devant curé de Saint-Germain de Rennes.*
« MILLAUX, *professeur au collége de la même ville.*
« LEBRETON, *idem.* »

Les trois passeports furent accordés le jour même (17 septembre).

De tous les membres du Chapitre, M. Baston seul s'était fié aux navires en destination d'Ostende ; tous les autres paraissent s'être mis en garde contre les capitaines qu'on soupçonnait de s'entendre avec les meneurs de la démagogie pour la perte des prêtres. La plupart prirent

leurs passeports pour l'Angleterre dans le même temps :
M. Tuvache , le 2 septembre ; MM. Baroche et Ravette
frères , le 6 ; M. de Saint-Gervais, le 7 ; MM. Bridelle et
Osmont , le 10 ; MM. Rondel , Perchel , Batailler d'Omonville, le 18 ; MM. d'Oiliamson , de la Bruyère, Louis de
Goyon, de Morlet, Manoury, Quévremont, le 20 ;
MM. Papillaut, de Boisville , Dubosc , Crespin , le 21.
MM. Marion , de Sozai , Harel , de Belménil, se réfugièrent
à Londres vers la même époque. M. de Boisville malade ,
M. Rondel infirme , renvoyèrent leurs passeports au
département. M. le Baillif-Ménager , incarcéré dans
l'ancien prieuré de Saint-Lô , fut conduit par la gendarmerie jusqu'à Dieppe , d'où il fit voile pour l'Angleterre ,
le 29 décembre 1792. La dispersion du Chapitre était dès
lors complète (1).

---

(1) **Registres du District de Rouen** , aux archives de la Seine-
Inférieure. — Registres des passeports des prêtres, en septembre,
etc. 1792, ibid. — Notice sur M. Baston, par M. Duputel. —
Barruel , *Histoire du clergé*. — *Ami de la religion*, n⁰ˢ 1276,
1281 et 1283. — *Épisode de la révolution*, par A. Canel, d'après les
mémoires inédits de M. Baston ; opuscule très curieux. — *Journal
de Rouen* , passim 1791 et 1792. — *Normandie chrétienne* , p. 189.
— *Mes reflexions sur mon arrestation*, par M. Heudes, 11 p.
in-8°. — *Réflexions d'un citoyen sur la détention du sieur Heudes*,
ex-curé de Saint-Patrice, 4 p. in-8°. — *Procès-verbaux des pres-
tations de serment*, aux archives municipales. — *Discours de
M. Pottier*, 2 p. in-8°, 1791, Seyer et Béhourt. — *Rétractation
du serment civique*, par M. Pottier, 2 p. in-8°, Ferrand. —
*Solution d'un cas de conscience proposé par quelques-uns de
MM. les Chapelains de la Cathédrale de Rouen*, par M. Baston .
6 janvier 1791 , 16 p. in-8. — *Registres capitulaires*, passim.

CHAPITRE III.

Migrations, travaux des chanoines de Rouen en exil. — Le cardinal de la Rochefoucauld à Maëstricht et à Munster. — Incarcération des chanoines qui étaient restés à Rouen. — Encombrement et insalubrité des prisons de cette ville. — Mort de M. Perchel et de l'évêque de Montauban. — Les chanoines prisonniers dans le séminaire Saint-Vivien sont conduits de brigade en brigade à Rochefort, avec quatre-vingt-dix prêtres. —Arrêté du conventionnel Siblot. — Mort de M. de Ménibus dans la prison de Saint-François. — Confiscation du mobilier des chanoines — Enlèvement des grilles de cuivre du chœur, de la cloche *Georges-d'Amboise*, etc — Réaction favorable au clergé en 1795. — Des prêtres insermentés exercent dans l'église Saint-Lou·s. — Coups d'Etat du 18 fructidor et du 18 brumaire.

(1792 — 1800.)

C'est une curieuse étude que de suivre les chanoines de Rouen dans les pays étrangers. Retiré à Saint-Malo après la dissolution du Chapitre, chassé de là par une émeute survenue à l'occasion des processions de la Fête-Dieu (1792), M. Picot se sauva à Jersey, où il vit mourir M. de Cheylus, évêque de Bayeux, en 1797 ; il y resta dix ans pendant lesquels l'activité de son zèle et ses mœurs douces et polies gagnèrent bien des cœurs. M. de Sozai, fils d'un trésorier général de France, homme d'une rare égalité d'âme, vit, pauvre et content, à Londres, d'un débris de fortune que la révolution a épargné. M. Marion entreprend, en Angleterre, l'éducation de MM. de Luppé, émigrés, parents de Mme Dillon et de Joséphine, femme du général Bonaparte. M. Dubosc anime l'abbé Aubry, son élève et son successeur dans les colléges de Paris, à chanter la célèbre Université d'Oxford dans un poème

latin, qu'elle paie par une chaire de littérature avec
5,000 liv. d'appointements (1). M. Crespin convoque ses
confrères dans les chapelles de Londres et leur adresse
des discours qui furent applaudis à Versailles devant
Louis XV et Louis XVI. Tous vont retremper leur cou-
rage et leur foi aux chaleureuses exhortations de l'abbé
de Beauregard qui naguère les émerveillait dans leur
cathédrale. Le mot de Hume : *Il n'y a point de clergé
plus curieux à connaître que le clergé séculier de France,*
se vérifie en Angleterre même. Tandis que la maison de
M. Tuvache, à Montigny, est pillée et vendue (2), le docte
théologien vit du salaire des leçons de grammaire qu'il
donne à Westminster, mais son mérite le trahit. Il reçoit
de l'évêque catholique de Londres des lettres de grand-
vicaire, et se voit consulté par les évêques français sur les
affaires de l'Eglise. Il se mêle à la foule qui écoute les
belles conférences que donne, sur le concile de Trente,
M. Gofvry, docteur en théologie et grand-vicaire de
Saint-Brieux ; mais quand ces conférences paraissent à
Londres, en 1800, les éditeurs veulent joindre l'approbation de M. Tuvache à celles des évêques de Tréguier et
d'Avranches.

M. Baston a retrouvé à Londres son protecteur et son
ami, M. de Saint-Gervais, et, par reconnaissance, il
s'attache irrévocablement à sa fortune. Il occupe ses
loisirs à étudier la langue et les mœurs anglaises, à visiter
les monuments, à recueillir des observations que, plus

---

(1) *Précis de l'Académie de Rouen*, 1808 ; p. 226. M. Aubry était
né à Saint-Jouin, près le Havre, d'une famille de cultivateurs.

(2) Reg. du District, 2 fructidor, 9 frimaire et 3 pluviôse, an II.
On enleva les grilles de fer du pavillon de M. Tuvache et 3,000 liv.
trouvées dans son secrétaire.

tard , il publiera sous l'Empire Alors l'Eglise de France n'était plus en France. Huit mille prêtres français résidaient dans la seule Angleterre. M. de Saint-Gervais, créé grand-vicaire de l'évêque de Londres, les autorisait à se confesser entre eux. Sept cents vivaient en commun dans le seul château royal de Winchester. Douze cents environ moururent de 1792 à 1800. A cette date, il y en avait encore quatre mille, réduits à neuf cents en 1802. Environ trois mille avaient repassé la mer pour gagner le Nord , l'Allemagne ou l'Italie. L'atmosphère brumeuse de l'Angleterre, la difficulté d'y trouver assez d'autels pour offrir chaque jour le saint-sacrifice, les éloignait de cette île, d'ailleurs si hospitalière et si généreuse. Mais le souvenir de leur passage y sera éternel ; le grand orateur des Communes , Burke, les visite, les observe et dit : *Jamais un si grand nombre d'hommes n'a fait paraître une constance aussi inflexible, un désintéressement si manifeste , une humilité aussi magnanime, tant de dignité dans sa patience, et tant d'élévation dans le sentiment de l'honneur.*

MM. de Saint-Gervais et Baston s'embarquèrent à Douvres en octobre 1793 , et prirent terre à Ostende, dans le temps même qu'une domestique infidèle introduisait le conventionnel Louchet dans le château de Saint-Gervais, situé dans les bois , non loin de Cormeilles, et lui livrait 65,000 liv. que son maître avait confiées à sa garde (*Moniteur* an II, n° 84). D'Ostende, les deux voyageurs allèrent à Bruges , à Gand, à Bruxelles, à Louvain, à Maëstricht , et vinrent s'établir à Hers , petit village peu éloigné de cette dernière ville. Mais l'approche des troupes françaises les força de fuir en juillet 1794. Ils allèrent à Mosk , à l'extrémité de la Gueldre prussienne, passèrent à Nimègue , à Arnheim , à Doesbourg , et entrèrent en Westphalie , reculant toujours devant les troupes républicaines. Enfin, ils s'arrêtèrent à Coesfeld, et y restèrent dix ans, eux qui, au départ de Rouen, croyant n'entreprendre qu'une promenade pendant une crise politique de quelques semaines, n'avaient emporté que peu d'argent, peu d'habits, et seulement une ou deux *parties* de leur Bréviaire. C'est à Coesfeld que M. Baston entreprit la rédaction de ses Mémoires particuliers. Cette ville était de l'évêché de Munster, une des parties de l'Allemagne où les prêtres et les émigrés trouvèrent plus d'égards et de bienveillance.

Le cardinal de La Rochefoucauld, son neveu, l'abbé de Pradt, M. Le Boulleux, mort en 1833 vicaire-général du cardinal prince de Croï, plusieurs prêtres de la ville et du diocèse de Rouen, étaient dans Maëstricht lorsque le général Miranda en forma le siége. L'un d'eux, l'abbé Bouic, a laissé un journal de ce siége dans ses *Voyages*. Il ne resta pas un édifice intact dans le quartier qu'habitait le cardinal. Une bombe tomba dans son lit et sa maison fut criblée de boulets. De Maëstricht il gagna Bruxelles et Munster qui fut sa dernière retraite. Là il menait une vie simple et souvent menacée par la détresse. Quelques amis adoucissaient, en la partageant, son existence incertaine et précaire. C'étaient François de Villedieu, évêque de Digne, Dominique de Lastic, évêque de Conserans, ancien archidiacre du Vexin normand, Jean-Baptiste Duplessis d'Argentré, évêque de Séez, et son frère, Louis-Charles Duplessis d'Argentré, évêque de Limoges, auxquels se mêlaient souvent MM. de Saint-Gervais et Baston. On ne peut s'empêcher de sourire en voyant celui-ci, en mai 1799, remettre au cardinal son modeste canonicat de Londinières et solliciter en échange une des riches prébendes de Nécy dont le titulaire venait de mourir. Soins superflus ! tous les anciens canonicats étaient pour jamais réduits à la même valeur. L'évêque de Conserans était neveu du cardinal , qui l'avait formé lui-même pour l'épiscopat , et le regardait comme le soutien de son exil et de sa vieillesse. Mais le jeune prélat, qui devait fermer les yeux de son oncle , expira lui-même entre ses bras , à Munster , le 3 mars 1795. On ne se lassait pas d'admirer la noble dignité du cardinal de La Rochefoucauld sous les coups redoublés du malheur. Il avait étonné la Constituante en perdant une des plus belles fortunes de France sans rien perdre de sa sérénité (*Moniteur*, 20 juin 1791). Dans l'exil, Pie VI et la maison de La Rochefoucauld lui offrirent des pensions considérables ; il les refusa, bien que réduit au plus strict nécessaire. A 89 ans sa santé était encore ferme . sa physionomie toujours belle , riante et animée. L'âge et l'infortune n'avaient rien changé à son humeur , à son esprit , à son amabilité.

Il restait à Rouen un certain nombre d'anciens membres du Chapitre que la loi de déportation n'avait pas atteints En mars 1793, le district, de concert avec le département. et la commune , leur assigna pour prison le vaste séminaire Saint-Vivien où l'on comptait plus de deux-cents cellules ; les ecclésiastiques de la maison de Saint-Louis, dite des *vieux prêtres* , hors Bouvreuil, y furent transportés dans cinq voitures , le 28 septembre 1793. Leur supérieur, M. Prunier (Jean Michel), y mourut à 71 ans. M. Batailler d'Omonville était revenu d'Angleterre après deux mois seulement de séjour à Londres ; il fut conduit à Saint-Vivien par un officier municipal le 26 avril 1793. M. Joseph de Goyon y était depuis le 9, et M. Leprince, curé de Saint-Vincent , depuis le 14 ; celui-ci était âgé de 74 ans et aveugle. Le 28 floréal an II (20 mai 1794), on le transféra à l'hospice général , où il expira bientôt. On enferma encore à ,Saint-Vivien MM. des Moulins (11 juillet 1793) , de Bonissent (19 nov. 1793), D'Angerval (30 mai 1794), Rondel (6 juin 1794), Duval (10 juin),

et de la Rue, presque tous septuagénaires. Celui-ci octogénaire, affecté des infirmités les plus graves, presque
aveugle, avait cru fléchir le district en lui livrant ses lettres
de prêtrise et un calice de vermeil avec sa patène, pour
aider aux frais de la guerre. L'infortuné vieillard n'obtint
qu'une mention civique, avec l'ordre d'entrer sur le
champ en prison ; il obéit le 12 floréal an II (4 mai 1794).
M. Papillaut n'avait pas profité de son passeport pour se
mettre en sûreté ; il fut enfermé à Saint-Vivien le 3 avril
1793, transféré ensuite à la conciergerie du Palais de Justice,
et ramené enfin à Saint-Vivien le 30 juillet 1794. Avant
de s'arracher à sa famille éplorée, le père des pauvres et
des petits étrangers avait écrit aux municipaux ces lignes,
où se peignent l'angoisse de son âme et sa noble résigna-
tion ; « Citoyens, l'absolu dénûment de toute fortune où
je me trouve réduit à l'âge de 70 ans, et le triste adieu
que je me vois contraint de dire à ma famille, et en particulier à une sœur plus âgée que moi encore et plus
infirme, qui ne m'a jamais quitté depuis l'enfance et que
je laisse sans ressource, ont bien été capables de me
causer la plus grande inquiétude, et d'exciter dans mon
âme la plus vive douleur. Mais les inquiétudes et les douleurs n'ont jamais pu me faire oublier un seul instant ce
que je dois à ma patrie, ni rompre les liens qui m'attachent
à mes concitoyens. C'est pour vous en donner la seule
preuve qui soit aujourd'hui en mon pouvoir, et éloigner
de ma famille et de moi les inquiétudes et les transes inséparables de la tendresse que nous nous sommes vouée,
que je vous prie de m'indiquer le lieu où, suivant le
décret de la Convention nationale, vous voulez que je me
retire, et le moment où il vous plaira que je m'y rende.
Si mon grand âge et la faiblesse de mon tempérament
vous paraissent mériter quelques égards, je les réclame
en ce moment de votre humanité. » Il obtint d'apporter

dans sa cellule de Saint-Vivien un bois de lit et deux matelas, un vieux tapis de haute-lice et deux chaises (Inventaire de Saint-Vivien, 2 ventose an II).

M. Perchel, promoteur du Chapitre, qu'on croyait en
Angleterre depuis le mois de septembre 1792, fut surpris
dans sa maison de campagne du Mont-aux-Malades (14 avril
1793), et traîné dans la prison du Palais de Justice, où
il avait longtemps siégé comme conseiller-clerc au parlement
de Normandie. Il languit misérablement sans matelas et
sans linge dans cette prison encombrée de captifs, et
devenue si infecte, que les médecins la déclarèrent inha-
bitable, et firent purifier les habits et les couches des prisonniers, dont une bonne partie fut transportée dans
l'église Saint-Sever. La mort le délivra de ses maux, à
76 ans, le 4 messidor an II (26 juin 1794). Il ne faut
pas juger de l'abbé Perchel par l'impopularité qu'il s'était
attirée en siégeant dans le *Conseil supérieur* ou parlement
Maupeou, encore moins par les pamphlets dirigés contre
lui, et dont l'un intitulé : *Haute messe de l'abbé Perchel,*
n'est qu'une indécente parodie des rites les plus sacrés.
Les nombreuses et importantes commissions que le Chapitre lui confia jusqu'à sa dispersion, et dans les circonstances les plus difficiles, prouvent qu'il comptait dans
la Compagnie pour un des hommes les plus habiles dans
la conduite des affaires.

Nous ne pouvons révéler toutes les nobles infortunes
que cachaient alors la Conciergerie du Palais et l'ancien
prieuré de Saint-Lô qui lui est presque contigu ; citons
seulement, parmi les compagnons de captivité de l'abbé
Perchel, M. Colla de Pradines, chanoine d'Albi, arrêté
en même temps que lui dans une maison du Mont-aux-
Malades, et M. Letonnelier de Breteuil, évêque de Montauban, ancien membre de la Constituante, arrêté au
Buquet, hameau de la ville d'Elbeuf, isolé dans les bois ;

il expira de misère à Saint-Lô, à l'âge de 70 ans, le 18 août 1794 (27 thermidor, an II) ; une montre, un porte crayon en or, et 31 liv. en assignats, qu'on trouva sur lui, furent présentés au district le 4 brumaire an III (26 octobre 1794).

M. de Paul de Marbeuf, infirme et grabataire, bien qu'âgé seulement de 48 ans, était aussi enfermé dans la maison de Saint-Lô avec des militaires et des malfaiteurs ; il avait été arrêté le 19 octobre 1793, comme *suspect d'incivisme et d'aristocratie.* Les gendarmes qui gardaient sa prison étaient casernés avec leur famille et leurs chevaux dans son hôtel de la rue Ganterie. Le séjour de la Conciergerie et de Saint-Lô était devenu mortel ; on y voyait des chambrées de 6 et de 8 malades atteints d'une fièvre épidémique, et dont l'agglomération infectait l'air. Trois prisonniers prêtres, obligés de passer cinq jours dans la Conciergerie avant d'être transférés à Alençon, représentèrent au commissaire de la République, qu'en entrant, ils avaient été couverts d'insectes, qu'il leur fallait coucher parmi des malades atteints de la contagion. Ils le suppliaient de considérer *qu'ils étaient hommes et malheureux, sans être souillés d'aucun crime*, et de les transférer dans la maison de Saint-Lô. Mais à la même date, et pour les mêmes motifs, les détenus de Saint-Lô demandaient à grands cris d'être transférés à Saint-François, où, à leur tour, ils ignoraient que les prisonniers manquaient de chaussures, de vêtements, et avaient passé une année entière sans autre nourriture que du pain et de l'eau.

Ramenés d'Angleterre par un invincible ennui, les deux frères Ravette étaient venus se cacher à Servaville, leur village natal, chez un nommé Lerat, leur parent. Ils y furent découverts et incarcérés à Saint-Vivien le 8 novembre 1793. Les prisonniers de Saint-Vivien ne pouvaient communiquer avec qui que ce soit , si ce n'est en présence d'un officier municipal ; ils pétitionnèrent en vain auprès du district pour voir leurs parents, et en recevoir quelques secours en comestibles. Les marchands refusaient d'approvisionner la maison ; il était dû au seul boucher 12,000 liv. Des maladies éclatèrent aussi dans cette agglomération d'hommes ; les médecins y constatèrent des cas de scorbut, en avril 1794. Un paralytique octogénaire , abandonné à lui-même , fut trouvé gisant sur le plancher de sa cellule, il fallut briser la porte pour lui porter secours.

Où étaient alors MM. Cornet, chancelier, LeManissier, Gaillard , de Rias de Villeneuve , de Launey, de Mésonval , Tirard de Longchamp? Nous avons complètement perdu leurs traces depuis 1791. M. Prevost de la Croix, conseiller-clerc au parlement , suivait un procès à Dijon , à la fin de 1790 ; M. de Cindrieux se fixa à Paris en janvier 1792. Quant à M. Outrequin de Saint-Léger, enfant de 12 ans , qu'on avait tonsuré à 7, pour le rendre apte à posséder un bénéfice , il traversa impunément les plus dangereuses époques de la révolution ; en 1844, il était plein de santé, et n'avait encore que 67 ans (1). M. de Panat errait peut-

------

(1) Le cardinal , qui l'aimait tendrement , l'avait fait chanoine à 7 ans pour venir en aide à sa famille ; lui et M. de Rias de Villeneuve étaient les seuls chanoines *in minoribus* , c'est-à-dire non encore promus au sous-diaconat. Le chanoine *in minoribus* ne pouvait occuper la haute stalle qui lui appartenait de droit ; il y posait seulement son livre avant l'office , puis venait se placer au troisième rang, sur la ligne des enfants de chœur ; comme à ceux-ci, il lui était interdit de s'asseoir, excepté aux leçons et aux répons de matines , et à l'Epitre de la messe ; il demeurait debout pendant toutes les autres parties de l'office divin. Il n'avait qu'un mois de vacances , et jamais de jours de repos appelés *dormeurs* ; quelqu'ancien qu'il fût, il ne pouvait jamais prétendre à une maison canoniale , ni à aucune grâce , comme *Jubilations* , etc. ; jamais il

être dans les Pays-Bas avec le chevalier son frère et les autres membres de sa famille. Comme MM. de Lastic et de Pradt, il était neveu du cardinal de la Rochefoucauld. Sa première thèse, soutenue en Sorbonne le 17 novembre 1775, sous la présidence de M. Lefranc de Pompignan, le docte archevêque de Vienne, avait fait grand bruit ; trente prélats et autant d'ecclésiastiques du second ordre, réunis pour l'Assemblée générale du clergé de France, déférant aux désirs de l'archevêque de Rouen, assistèrent à la *Tentative* du jeune abbé, et donnèrent à cet acte une solennité inouie (1).

Les ecclésiastiques moissonnés, au nombre de vingt environ, par la maladie, dans la maison de Saint-Vivien, furent bientôt réputés les plus heureux ; rien ne saurait peindre la douleur des survivants quand on leur apprit qu'ils allaient être dirigés sur Rochefort, et là embarqués pour les plages meurtrières de la Guyane. Le 6 ventôse, an II, (28 février 1794), le citoyen Ebran, commandant de la gendarmerie, reçut l'ordre du département de faire conduire les déportés, de brigade en brigade, jusqu'à Rochefort. Ils étaient au nombre de quatre-vingt-onze, et

---

ne conférait les bénéfices à la nomination de la Compagnie ; il ne siégeait au Chapitre qu'aux jours d'exhortation (jeudi saint et Assomption). Ces rigueurs envers les chanoines *in minoribus*, montrent qu'ils n'étaient que tolérés par le Chapitre. Ces détails nous viennent de M. de Saint-Léger lui-même, par l'entremise de M. l'abbé Cochet et de M. l'abbé Lecomte, auxquels il se révéla comme un ancien chanoine de Rouen à la table commune d'un hôtel de Caen, le 18 août 1844. Ce qu'il leur raconta des particularités de son enfance et de sa vie de chanoine est parfaitement conforme aux anciens Règlements du Chapitre (voir *reg. capit* 13 décembre 1776).

(1) Procès-verbaux de l'Assemblée du clergé de France, 1775.

Ebran ne pouvait disposer que de sept cavaliers montés , ce qui l'obligea de requérir les cavaliers nationaux , casernés dans l'hôtel Bigot , rue du Moulinet. Le 14, il rendit compte de ses préparatifs et promit que la première division , composée de quinze hommes , partirait , à pied , le 16 , et les autres successivement de trois jours en trois jours ; mais le département sentit les dangers de ce mode de transport, et donna l'ordre au directeur des Messageries nationales de conduire les prisonniers en voiture jusqu'à Louviers.

Le lendemain du premier départ (17) , le département reçut une masse de pétitions envoyées par d'infortunés prêtres compris dans la liste de déportation, alléguant diverses infirmités et demandant , comme une grâce , de demeurer prisonniers. On passa à l'ordre du jour. Le 19 , l'abbé Huby demanda d'être conservé à Rouen comme instituteur des sourds-muets qu'il instruisait depuis longtemps gratuitement. Necker, par une lettre du 12 juillet 1790 , lui avait accordé une pension de 1,200 liv. pour les années 1788 , 1789 et 1790 , et le zélé instituteur avait tout dépensé à Paris pour puiser de nouvelles instructions auprès de l'abbé Sicard , successeur de l'abbé de l'Epée. L'Assemblée administrative du département , dans sa séance du 8 décembre 1790 , avait arrêté de recommander l'abbé Huby à l'Assemblée nationale ; son nom figurait avec éloge au *Moniteur* du 3 février 1791 ; mais en 1794 , les temps étaient changés , la loi de déportation ne connaissait pas d'exception , quiconque s'y dérobait , était puni de mort dans les vingt-quatre heures. L'abbé Huby partit donc pour Rochefort dans la division du 28 ventôse. L'abbé Diville , sacriste de la cathédrale , avait été de la première (16 ventôse) ; M. Batailler d'Omonville , de la seconde (19 ventôse) ; M. Leudet , de la troisième (22 ventôse) ; MM. Ravette furent enlevés dans le convoi du 1er germinal. On vit des scènes déchirantes dans les jours de départ : les pères, les mères des prêtres déportés suivaient les fatales charrettes qui les emportaient, les uns leur jetant quelque argent et des vêtements, les autres, aveuglés par la douleur, les conjurant encore de prêter le fameux serment ; faute inutile qui ne les aurait pas sauvés. La sœur de M. Dubois, prêtre de Saint-Martin-du-Pont, suivit à pied, de Rouen à La Rochelle, le convoi qui emportait son frère ; elle travailla sept ans, dans l'île de Rhé, pour lui procurer des vêtements, du pain blanc et quelques douceurs (1). M. Batailler d'Omonville fut embarqué sur le navire les *Deux-Associés*, en rade de Rochefort ; la force de son tempérament résista longtemps aux tortures de l'entrepont, où les prisonniers, entassés les uns sur les autres, périssaient dévorés par les insectes ou asphyxiés par un air pestilentiel. Il succomba enfin dans la nuit du 19 au 20 janvier 1795, à 57 ans ; on l'inhuma près du fort Vaseux, sur les bords de la Charente. M. d'Omonville, fils d'un conseiller à la Cour des Comptes de Normandie, docteur de Sorbonne, a été célébré, avec plusieurs autres chanoines de Rouen, par l'abbé de Chaligny, chanoine de Verdun, dans ses poésies latines, intitulées : *Selecti Normanniæ flores* (2).

MM. Ravette, parents de M. Tuvache, montés aussi sur les *Deux-Associés*, devaient y trouver un martyre moins long, et fournir en mourant un touchant exemple

---

(1) *Univers* du 11 mai 1855, article de M. l'abbé Lecomte.

(2) Le Chapitre méditant de descendre et de refondre la cloche *Georges-d'Amboise*, avait mandé, en 1789, M. de Chaligny, chanoine de Verdun, très expert en ce genre de travaux. M. d'Omonville était commissaire du Chapitre pour conférer avec lui.

d'amour fraternel. Joseph, le plus jeune, âgé de trente ans, étant tombé malade, Jacques, l'aîné, lui prodigua ses soins avec le zèle le plus tendre. Le malade commençait à se remettre, lorsque son frère fut aussi atteint de la contagion ; à son tour le convalescent prodigue ses soins à son aîné, qui, cependant, expire bientôt entre ses bras. Cette mort fut un coup de foudre pour Joseph ; il se jette sur sa couchette en sanglotant et meurt lui-même au bout d'un quart-d'heure, suffoqué par la douleur et la maladie ; c'était le 26 août 1794, mois qui vit périr le plus de déportés. Les infirmiers inhumèrent les deux frères dans l'île Madame et dans la même fosse, en leur appliquant ces paroles : *Amabiles et decori in vitâ suâ, in morte quoque non sunt divisi* (II, *Reg.*; 1, 23). *Aimables et beaux dans la vie, ils n'ont point été séparés même dans la mort.* Le 7 septembre suivant, l'abbé Pierre Diville, sacriste de la cathédrale, expira aussi sur les *Deux-Associés*, et fut enterré dans l'île Madame.

Le trajet de Rouen à Rochefort avait tellement épuisé les prêtres de la Seine-Inférieure, qu'ils succombèrent promptement aux tortures de leurs prisons flottantes. Le père Jean Bourdon, gardien des Capucins de Sotteville, attaqué d'une fièvre violente, expira dans la cale en se meurtrissant avec les chaînes dont il avait fallu le charger (22 août 1794). Ils étaient partis de Rouen, au nombre de quatre-vingt-dix ; il en revint trois, entre autres l'abbé Huby, mort vicaire de Saint-Paul de Rouen, à 84 ans, le 21 mars 1832. Il fut inhumé le 23, par M. Leudet, son compagnon de captivité à Rochefort, mort lui-même chanoine titulaire de Rouen, le 17 février 1844. Si nous en croyons l'abbé Guillon et d'autres historiens, M. de Lurienne, autre membre du Chapitre de Rouen, transféré de la prison de Rouen en celle du Luxembourg, porta sa tête sur l'échafaud le 7 juillet 1794 ; mais d'après certaines traditions de famille, dont, du reste, nous ne pouvons garantir l'exactitude. M. de Lurienne, condamné à mort avec les prétendus conspirateurs du Luxembourg, aurai échappé au supplice et serait mort dans la retraite, à Paris, vers 1801.

Jusqu'au mois de germinal an II (avril 1794), quelques prêtres avaient pu éviter la réclusion. Le 18 (10 avril), le conventionnel Siblot, en commission dans la Seine-Inférieure et dans l'Eure, prit l'arrêté suivant daté d'Evreux :

« Les prêtres qui n'ont pas encore abdiqué leurs fonctions en déposant leurs lettres de prêtrise, seront requis de se rendre sous les vingt-quatre heures au chef-lieu de leur district, dans la maison de sûreté qui y sera préparée ; ceux qui, ayant abdiqué leurs fonctions, ont de nouveau cherché à séduire le peuple, seront écroués dans la maison d'arrêt ; ceux qui ne se seront pas conformés au présent arrêté dans le délai prescrit, seront déclarés rebelles à la loi et poursuivis comme agents et complices des ennemis de la liberté. Seront réputés suspects et traités comme tels, ceux qui auront recélé un ou plusieurs prêtres réfractaires au présent arrêté, ceux qui, ayant connaissance de pareils recelements, n'en feront pas sur-le-champ la déclaration et ne donneront pas le signalement des prêtres cachés. ¡Tout prêtre résidant dans la Seine-Inférieure ou dans l'Eure ; demeure dès ce moment responsable des troubles qui pourraient s'y manifester pour cause de culte et d'opinions religieuses, et sous tout autre prétexte que ce soit..... »

Le district de Rouen fit partout afficher cet arrêté Draconien, et désigna pour maison de sureté le couvent des hospitalières de Saint-François, rue Saint-Hilaire. M. de Ménibus, âgé de quatre-vingt-trois ans, et chanoine depuis cinquante-six ans, entra à Saint-François le 9 prairial an II ; il y expira le 25 nivôse an III, et le lendemain on vendait dans la rue, au profit de la République, les quelques meubles qu'il avait apportés dans sa prison. Dom Gourdin, ex-religieux de Saint-Ouen, fut enfermé dans la même maison. Dom Bouin, ex-prieur de Saint-Lô, âgé de quatre-vingts ans, paralysé, avait été honorablement recueilli par M. Dulague, professeur d'hydrographie, comme lui astronome distingué et membre de l'Académie. Il supplia le district de ne pas le séparer de M. Dulague, lequel s'obligeait de représenter son hôte à toute requisition de l'autorité. Sa demande fut repoussée par l'ordre du jour (27 floréal an II) ; on le porta dans la prison, et le 2 thermidor suivant, on vendait nationalement ses meubles ; il avait apparemment cessé de vivre.

Plusieurs prêtres, prisonniers à Saint-François, furent élargis dans le courant de juillet 1794. Le district jugeait *que cette espèce d'hommes n'était plus dangereuse à la république.* On avait mis en liberté, après quelques semaines d'incarcération, ceux qui avaient une certaine réputation de patriotisme. Ainsi, M. Quevremont, ancien religieux Antonin, frère du chanoine de ce nom, et dom Gourdin, sortirent de prison, le premier, le 11, le second, le 15 floréal. Cependant, il y avait encore des prêtres détenus à Saint-François en pluviôse an V ; plusieurs de ces infortunés, accablés d'infirmités, n'ayant plus ni famille, ni ressources, demandèrent, comme une faveur, de rester dans cette prison ; on les pressa de sortir en leur indiquant pour asile l'Hospice-Général ou le dépôt de mendicité.

Dans le courant de 1794, le mobilier des chanoines émigrés ou déportés fut mis sous le séquestre et vendu à l'encan ; leurs domestiques, leurs plus proches parents même accouraient en faire la déclaration, tant était grande la terreur qui régnait alors. MM. Rondel et d'Angerval, hors d'état de fuir, virent vendre leurs meubles dans la rue, parce qu'ils étaient déportables, sinon déportés. Dom Gourdin, nommé bibliothécaire du département, trouva de bonnes bibliothèques chez MM. des Moulins, Osmont, de Goyon, archidiacre, et de Saint-Gervais ; celui-ci avait amassé deux mille volumes. Carpentier enleva les tableaux de MM. Manouri, des Moulin, etc ; il trouva chez M. de Saint-Gervais une curieuse série de portraits de famille et plusieurs belles copies de Paul Véronèze ; chez M. Papillaut, un beau Griffier ; chez M. de Sozai, toute une collection qui demanderait à elle seule un catalogue. Le gout des arts était comme de tradition dans la Compagnie. Le chanoine Guillaume de la Bellonière, mort le 8 février 1748, avait été le Mécène de Descamps.

La cathédrale elle-même n'eut pas un meilleur sort que le Chapitre, et son titre de *temple de la Raison* ne la sauva pas d'une entière spoliation. Deux cent-six livres d'argent blanc, cent cinquante livres d'argent vermeillé, dix onces d'or, en furent enlevés le 10 octobre 1792. A la fin de la même année, les neuf grilles de cuivre pur qui défendaient le pourtour du sanctuaire, furent enlevées et fondues sur l'ordre de Clavière, ministre des finances, malgré Roland, ministre de l'intérieur, et les énergiques protestations des Rouennais qui réclamèrent jusque devant la Convention nationale. Ces grilles, chefs-d'œuvre de la Renaissance, pesant ensemble quarante-huit milliers, étaient estimées à un million six cent mille livres, par la richesse du travail et des ornements (1). La cloche *Georges-d'Amboise*,

____

(1) La lettre de Roland, qui ordonne de surseoir à la démolition des grilles jusqu'à ce que la Convention ait prononcé, est du 19 novembre 1792. Elle a été imprimée avec la pétition des Rouennais à la Convention et les autres pièces concernant l'enlèvement des grilles.

un des monuments de la Province, fut brisée à coups de massue dans la tour, en mars 1793 ; ses débris pesés le 2 mai suivant au poids public, sur le parvis Notre-Dame, furent envoyés aux fonderies de Romilly. Trois médailles seulement, si nous en croyons le *Moniteur* (du 26 août 1793), furent frappées du métal provenant de cette cloche fameuse. La commune de Rouen les offrit à la Convention, au Conseil exécutif et à la Commune de Paris (1). Déjà elle avait fait sauter du chœur la chaire archiépiscopale, chef-d'œuvre des arts du xve siècle, parce qu'elle ressemblait à un trône et en avait porté le nom. Les 16 et 17 fructidor an II, elle délibéra *de supprimer la croix existant sur la flèche du temple de l'Eternel et de lui substituer le bonnet de la Liberté.* Enfin, en 1794, le couronnement des combles du chœur, le grand Saint-Georges en plomb doré qui surmontait le rond-point, sont enlevés et fondus.

---

(1) M. Germain Lenormand, chargé de l'Administration provisoire de la fabrique de Notre-Dame et de surveiller la destruction de *Georges-d'Amboise*, atteste que son fils ramassa avec le plus grand soin les petites parcelles de métal qui jaillissaient sous les coups de marteau, et que de ces parcelles pesant ensemble 7 à 8 onces, il coula quatre médailles, offrant d'un côté cette légende : *Monument de vanité, détruit pour l'utilité, l'an II de l'égalité.* Et sur le revers : *Métal de la cloche* Georges-d'Amboise, *faite en* 1501, *détruite en* 1793, *à Rouen.* Trois de ces médailles furent offertes par M. Lenormand lui-même, au nom de la commune de Rouen, à celle de Paris, au Conseil exécutif et à la Convention. La commune de Rouen délibéra de garder la quatrième dans ses archives. En vingt-huit pesées, les morceaux de la cloche donnèrent 34,038 liv., *poids de la Vicomté*, et 35,391 liv., *poids de Marc.* MM. Poisson, père et fils, fondeurs, demeurant rue Ecuyère, s'étaient chargés de casser *Georges-d'Amboise* et d'en descendre les débris, pour la somme de 1,750 liv., dont ils demandèrent le paiement le 28 mars 1793. (Lettres autographes de M. Lenormand, dans un dossier complet sur *Georges d'Amboise*, aux archives municipales.)

La populace dépouille les transepts et les bas-côtés de leurs plombages pour en faire des balles ; mais un sévère arrêté du district vint à propos faire lâcher prise à ces barbares.

Une réaction favorable aux prêtres commença avec l'année 1795. M. Rondel obtint sa liberté le 24 décembre 1794. MM. de Bonissent, d'Angerval, de La Rue, Duval, des Moulins, de Gouyon, Papillaut, furent élargis en frimaire, ventôse et germinal, an III. Dom Gourdin et Carpentier eurent ordre de laisser à M. Papillaut l'usage de ses livres, et de lui remettre *ses tableaux de famille seulement* (17 germinal). M. Duval obtient main-levée de tout séquestre et la remise de tous les métaux qu'on avait détachés de ses meubles. M. Baroche, père du chanoine, peut enlever de l'Archevêché ce qu'il avait acheté des meubles du cardinal de la Rochefoucauld, qu'on avait vendus à l'encan. Enfin, le district arrêta de remettre les lettres de prêtrise aux ecclésiastiques qui en feraient la demande (11 germinal an III). M. de La Rue recouvra les siennes, ainsi que l'abbé Charles-Ferdinand de Calonne et cinq des *vicaires épiscopaux* de M. Gratien : MM. Blanche, Deplane, Leblanc, Hubert et Collet. Des prêtres insassermentés, entr'autres M. Motte, depuis curé de la Cathédrale, reparurent, quoique timidement, et offrirent leur ministère aux fidèles dans l'église Saint-Louis, située place de la Rougemare. MM. Grout et Le Marchand l'avaient louée pour y exercer le culte catholique, et la commune avait permis de l'ouvrir depuis cinq heures du matin jusqu'à huit heures du soir. MM. Papillaut et Rondel obtinrent de célébrer dans leur maison, *pour eux, leurs familles et leurs amis* (7 et 8 germinal an III).

Les prisons se vidaient. Saint-Yon, au 12 nivôse an III, ne contenait plus que huit détenus, dont un seul ecclésiastique : c'était le malheureux évêque Gratien, coupable d'avoir écrit un mandement fort remarquable en faveur du célibat des ministres de la religion (1) ; il était âgé de quarante-huit ans, et dans un état alarmant de souffrance et d'infirmité. La Commune attestait qu'il était probe, soumis aux lois, fidèle à la République, ami de l'ordre et du bien public, et le district arrêta d'adresser un rapport en sa faveur au Comité de sûreté générale de la Convention (2). Mais le coup d'Etat du 18 fructidor (septembre 1797, remit en un moment la terreur et les exils à l'ordre du jour. M. Lebas, prêtre d'Octeville, né à Fontaine-la-Mallet, fut arrêté à Rouen en 1797, dirigé sur Rochefort et jeté, par la corvette la *Bayonnaise*, dans le port de Cayenne ; il périt de la dyssenterie et rongé vivant par les vers, dans le désert de Sinnamari, le 3 janvier 1799. Enfin, le coup hardi du 18 brumaire (novembre 1799) mit fin à l'anarchie et prépara le Gouvernement consulaire. La Constitution civile du clergé, tant d'autres lois qui froissaient si durement la conscience des peuples, allaient être abrogées. L'Eglise de France respira après dix ans de souffrances, dont l'histoire complète restera longtemps à faire.

---

(1) Cette instruction pastorale, accompagnée de notes nombreuses et savantes, est datée du 24 juillet 1792, l'an IV de la liberté.

(2) *Registres du district*, 12 nivôse an III, *et passim*. — Guillon, *Martyrs de la Révolution*, 4 vol. in-8º. — *Registres d'écrou, états des prisons*, etc., aux archives municipales. — *Etats de la Maison de Saint-Vivien*, ibid. — *Rapports* des médecins, concierges, guichetiers, ibid. — *Registres de l'état civil*, ibid. — *Oraison funèbre du cardinal de la Rochefoucauld*, par Jarri. — *Voyages de mon exil*, par M. Bouïc, 2 vol. in-8º, manuscrits, chez M. Lemeilleur, à Rouen. — *Notice sur M. Baston*, d'après ses mémoires, par M. Duputel. — *Episode de la Révolution*, par M. Canel, d'après les mémoires de M. Baston. — *Ami de la Religion*, nº 724. — Barruel, *Histoire du clergé pendant la Révolution*.

CHAPITRE IV.

Le Chapitre de Rouen après la révolution du 18 brumaire. — Culte catholique rétabli dans l'église des Gravelines, dans Saint-Ouen, etc. — Perplexités de l'évêque constitutionnel. — Mort du cardinal de La Rochefoucauld. — Grands-vicaires capitulaires. — Mandement du Chapitre, sous le titre de *Lettre de l'Eglise métropolitaine de Rouen*. — Divisions violentes dans l'Eglise de Rouen, à propos de la *promesse de fidélité*. — La *Branche d'olivier*, par M. Baston. — Schisme de l'abbé Clément. — M. l'abbé de Salamon, administrateur apostolique des diocèses de Normandie. — Concordat. — Nouveau Chapitre. — Notes biographiques.

(1800 — 1802.)

L'élargissement des prêtres détenus aux îles de Ré et d'Oleron, la clôture de la liste des émigrés, le rappel des prêtres déportés, à la condition d'une *promesse de fidélité*, dans l'ordre civil, aux lois de la République, suivirent de près l'avènement des Consuls au pouvoir, et firent reparaître en foule les pasteurs légitimes que la terreur retenait dans l'ombre ou sur la terre étrangère. Ainsi les ministres sermentés et insermentés se retrouvèrent bientôt en présence, comme en 1791; mais, cette fois, le pouvoir civil, en abandonnant à elle-même l'Eglise qu'il avait créée, prononçait son arrêt de mort. M. Leblanc de Beaulieu, ancien Génovefain, successivement vicaire à Soissons, directeur du Séminaire de Reims, curé à Chateau-Landon en Gatinais, supérieur de Sainte-Geneviève à Paris, et curé constitutionnel de Saint-Séverin et de Saint-Etienne-du-Mont, qui avait succédé, à Rouen, à M. Gratien, fit bonne contenance, et agit en homme qui compte sur l'avenir. Il multiplia ses lettres pastorales, visita le diocèse, rassembla son synode, convoqua même un concile métropolitain où se rendirent six évêques de sa communion (oct. 1800). Il entreprit de créer un séminaire, une caisse diocésaine, des conférences ecclésiastiques ; il condamna à plusieurs reprises, notamment dans son concile, ceux de ses prêtres qui rétractaient leur serment et se réunissaient aux orthodoxes. Il approuva le recours aux lois et aux magistrats contre les insermentés qui rentraient comme en triomphe dans leurs églises Il essaya de combattre l'autorité et même l'authenticité des brefs de Pie VI, qui condamnaient la Constitution civile et le serment ; il en appela de ces brefs à l'Eglise universelle, quoique 270 évêques catholiques eussent joint leur jugement à celui du Saint-Siége. Il écrivit au pape, et annonça qu'il allait incessamment recevoir des lettres de communion de Pie VII, mieux informé, disait-il, que Pie VI (1).

Cependant, il n'était bruit que d'un concordat qui se négociait entre la République et le Saint-Siége. La chute de l'Eglise constitutionnelle était inévitable, imminente. M. de Beaulieu le sentait, et songeait à faire au moins une fin honorable, en ménageant une fusion des deux Eglises opposées ; mais cette fusion était impossible sans qu'il y eût, de part ou d'autre, abjuration de principes. Dans ce but, il tendait les bras à tous les prêtres qui revenaient d'exil ; il leur adressa l'invitation la plus pressante de se rendre à son synode, pour s'entendre mutuellement, et travailler au rapprochement des esprits. Il renouvela publiquement la proposition déjà faite par M. Gratien, d'ouvrir, par voie d'arbitrage, des négociations pour arriver à un arrange-

---

(1) *Mémoires de M. Picot*, t. III, p. 201. — *Lettres et Actes de M. de Beaulieu.*

ment. Il fit même une démarche personnelle auprès de M. Papillaut, grand-vicaire du cardinal de la Rochefoucauld, pour lui annoncer le prochain synode et le presser de s'y rendre; puis il lui députa trois curés pour lui réitérer cette invitation, au nom de toute l'Assemblée. A l'ouverture du concile, nouvelle députation de trois membres à M. Papillaut, pour l'inviter à siéger dans l'Assemblée, afin de travailler de concert à étouffer les divisions qui déchiraient l'Eglise; mais ces avances répétées du prélat, du synode, du concile, annonçaient plus d'embarras que de générosité, et mettaient à nu la faiblesse de l'Eglise constitutionnelle.

Inflexible comme les principes et l'autorité qu'il représentait, M. Papillaut, avant de communiquer avec ces pasteurs rejetés du Saint-Siége, leur demandait, les lois de l'Eglise à la main, de quitter leurs places, de rétracter leur serment, et de se faire absoudre de schisme et d'intrusion. Dans cette extrémité, M. de Beaulieu espérait encore échapper, avec les siens, à la dure nécessité d'une rétractation; il offrit, en plein synode, de céder la place au cardinal de la Rochefoucauld, s'il revenait à son siége, et de travailler sous lui, mais à la condition d'avoir le titre de Coadjuteur, avec future succession, ou du moins d'être regardé comme son successeur présomptif. Il fit même, devant ses prêtres, la proposition plus noble et plus désintéressée de se retirer entièrement, si le bien de la paix l'exigeait.

Les choses en étaient là, lorsqu'arriva à Rouen la nouvelle de la mort du cardinal de la Rochefoucauld, décédé à Munster le 23 septembre 1800. Cet évènement ne sauvait pas l'Eglise constitutionnelle, mais il créait pour la véritable Eglise de Rouen des difficultés inextricables et peut-être sans exemple dans ses longues annales. Le Chapitre, aux mains duquel passait de droit l'Administration du diocèse, s'il observait les prescriptions du concile de Trente, était dispersé par la persécution. Sans doute, il n'en existait pas moins aux yeux de l'Eglise, avec ses prérogatives et ses droits ; mais, par le fait de sa dispersion, il ne pouvait les exercer selon les formes prescrites, ni procéder dans toutes les règles à l'élection de ses grands-vicaires. Comment convoquer, dans les huit jours accordés par le concile, cinquante chanoines dispersés aux quatre coins de l'Europe ? Si l'on pouvait réunir six à huit membres sur cinquante, était-on assuré de faire une élection valide, et de conférer aux élus des droits incontestables ? A défaut d'une élection capitulaire, la juridiction de l'église métropolitaine était dévolue de droit au plus ancien évêque de la province ; mais, en ce moment, quel était cet évêque ? Dans quel coin du monde le chercher ? plusieurs des suffragants de Rouen avaient devancé le cardinal dans la tombe.

Il est vrai qu'aux termes de l'acte capitulaire du 23 novembre 1790, que nous avons rapporté, tous les droits du Chapitre étaient déposés aux mains de MM. de Saint-Gervais. Papillaut et Tuvache, et que, le cas échéant de la vacance du Siége, ils devenaient, *ipso facto*, grands-vicaires capitulaires ; mais cet acte datait de dix ans, et si précise qu'en fût la teneur, qui pouvait répondre qu'il avait pour lui le droit, la sanction de l'Eglise, qu'il entraînerait l'assentiment et la soumission du diocèse ? Sur tous ces points, MM. de Saint-Gervais, Papillaut et Malleux, ex grands-vicaires du cardinal, restaient dans un doute cruel. Avant tout, il fallait promptement montrer au troupeau un pasteur, une autorité visible, en face du schisme qui lui ouvrait les bras. Ils y pourvurent en demandant à M. l'Internonce la continuation des pouvoirs que la mort du Cardinal leur avait ôtés. Ce fait curieux et important, que nous trouvons consigné dans un écrit des *Clémentins*, leurs mortels adversaires, ne pouvait préjudicier aux droits du Chapitre (1). En conséquence , MM. de Boisville, Rondel , de Gouyon , Papillaut , de Saint-Gervais , et un très petit nombre d'autres chanoines qui pouvaient se trouver à Rouen , se rappelant le serment qu'ils avaient prêté de ne jamais trahir la cause de leur Eglise, fortifiés par l'exemple de plusieurs diocèses, entr'autres de celui de Bayeux , où la juridiction capitulaire était actuellement en pleine vigueur, par le vœu unanime des fidèles et l'adhésion promise à l'avance par les ecclésiastiques les plus éclairés, se réunirent capitulairement et nommèrent , dans le délai de rigueur, des grands-vicaires administrateurs du diocèse ; mais , soit qu'il doutât du succès , soit qu'aynat enfreint les lois de l'Etat en faisant acte de corporation , il craignît quelque retour offensif d'un Gouvernement tour-à-tour tolérant et cruel , le Chapitre ne publia qu'imparfaitement le résultat de ses élections. Son premier mandement ne parut que le 18 octobre , vingt-cinq jours après la mort du Cardinal , sans nom d'auteur ni d'imprimeur, sous le titre mystérieux et anormal de *Lettre de l'Eglise métropolitaine de Rouen*. Dans cette pièce , c'est le Chapitre en corps , non ses grands-vicaires , qui annonce au diocèse la vacance du Siége et la nomination de nouveaux administrateurs, dont il n'articule pas les noms (2). Dans

---

(1) *Entretien simple et familier entre un curé et un vicaire, sur le droit de M. de Seez au gouvernement du diocèse de Rouen , comme le plus ancien évéque de la province*, p. 19.

(2) Entr'autres services , nous devons à M. le chanoine Hébert, intendant de la nouvelle bibliothèque capitulaire, la communication de la pièce suivante , qui dit tout sur cette première lettre du Chapitre : « Reçu de MM. du Chapitre de Rouen , par les mains de M. Baroche , la somme de cent quatorze livres, pour impression de mille exemplaires de la lettre pastorale , contenant une feuille, dont cinq cents exemplaires ont été tirés la nuit.

« Rouen , ce 21 octobre 1800.

« MONTIER. »

le mandement du 2 janvier 1801, sur les graves dissenti-
ments qui se produisaient à l'occasion de la *promesse de
fidélité* à la constitution de l'an VIII. dans *l'Instruction en
forme de catéchisme*, qui parut le 7 janvier suivant sur le
même sujet (1), c'est toujours le Chapitre en corps qui
parle, statue, prononce des suspenses, *après en avoir
mûrement délibéré entre nous, et en avoir conféré avec
nos vicaires capitulaires.* Les noms de MM. Papillaut et
Malleux se lisent au bas du *Mandement* et de *l'Instruction*,
mais sans qualification aucune, et seulement pour attes-
ter l'authenticité de l'un et l'orthodoxie de l'autre. Le
Chapitre s'efface, pour la première fois, dans la *Lettre*
du 16 juin 1801, à propos du renouvellement des pouvoirs ;
alors, la grande affaire du concordat s'avançait, les intentions pacifiques du Gouvernement étaient hors de doute.
MM. de Saint-Gervais, Papillaut et Malleux, grands-vicaires
capitulaires depuis l'élection de septembre 1800, prennent
officiellement ce titre en parlant en leur propre nom au
clergé et aux fidèles ; ce qu'ils continuèrent invariablement
jusqu'à la paix définitive de l'Eglise et de l'Etat (2).

Ce qu'il y avait eu d'abord d'embarrassé et d'insolite
dans la conduite du Chapitre, n'empêcha pas prêtres et
fidèles de se ranger en foule sous son autorité. En janvier
1801, la Cathédrale, avec quatre cents paroisses du diocèse,
était encore au pouvoir des constitutionnels, mais on en
comptait déjà cinquante soumises publiquement à leurs
anciens pasteurs et à la juridiction capitulaire. Dans plusieurs, l'intru, après ses offices, était contraint d'ouvrir

---

(1) 11 p., petit in-12.

(2) M. Malleux avait été nommé grand-vicaire par le cardinal à
une époque de la révolution que nous ne pouvons déterminer, et
pendant un voyage de M. Papillaut à Munster.

l'église au curé légitime , qui y exerçait concurremment son ministère. Par sa circulaire du 30 octobre 1800 , M. de Beaulieu avait combattu longuement, mais sans fruit, la *Lettre de l'Eglise métropolitaine*, dont le titre seul le troublait, et où il avait lu ces mots terribles : *Nous déclarons le Siége de la Métropole vacant ;.. . et nous avons nommé les administrateurs du diocèse ...* Le 25 décembre 1800 , il vit les adhérents du Chapitre sortir des catacombes et ouvrir un temple. L'abbé Vienne , professeur du pensionnat de M. Faucon , célébra solennellement et publiquement la fête de Noël dans l'ancienne chapelle des Clarisses anglaises , dites *Gravelines*, aujourd'hui du premier monastère de la Visitation (1). MM. de Boisville, Baroche , Manouri, rentrés en France vers cette époque , exercèrent aussi aux Gravelines (mars et avril 1801 . Les églises de l'ancienne abbaye de Saint-Ouen et de l'Hospice général furent livrées aux orthodoxes dans la même année ; Saint-Ouen s'ouvrit le dimanche des Rameaux ; M. de Boisville y prononça un discours. Cette basilique devint la paroisse commune de tous les anciens curés de la ville. M. l'abbé Motte, depuis curé de la Cathédrale, fut établi leur vicaire ; **MM.** Elie Deschamps , ancien curé de Sainte-Croix-Saint-Ouen ; Jobard, ancien doyen de Notre-Dame-de-la-Ronde ; Quillebeuf, ancien curé de Saint-Gervais , y exercèrent des premiers avec **MM.** Papillaut et de Saint-Gervais , vicaires capitulaires. Le peuple , désertant les autels des assermentés , accourait en foule aux offices de ses anciens pasteurs , revenus, après dix ans d'absence, d'Angleterre , d'Allemagne , de Pologne, blan-

---

(1) Communiqué par M. l'abbé Auger, alors élève de M. Faucon, et témoin oculaire. — Rapports sur le culte, et liste des prêtres rentrés en France ; aux archives municipales.

chis par les années et les épreuves, et joignant, à leur légitime autorité spirituelle, celle que donne l'auréole de la persécution et du malheur. Mais cette heureuse renaissance de l'Eglise de Rouen devait être troublée par des déchirements multipliés qu'elle n'avait pas connus jusqu'ici, et qui la plongèrent pour plusieurs années dans la plus pénible anarchie.

En échange de la liberté de rentrer en France et d'exercer leurs fonctions, le Gouvernement consulaire demandait à tous les prêtres une simple *promesse de fidélité* à la constitution de l'an VIII ; c'était, sous un autre nom, *l'acte de soumission* exigé des ministres de la religion par les législateurs de 1795. A cette époque, on avait beaucoup écrit pour et contre la moralité de la *soumission*. M. de Boulogne, dans les *Annales philosophiques*, avait soutenu qu'elle était licite ; l'abbé Guillon, dans sa *Politique chrétienne*, s'en était montré l'adversaire éloquent et passionné ; cette polémique avait retenti dans les colonnes du *Courrier de Londres*, et partout où se trouvaient des prêtres français en exil, c'est-à-dire dans toute l'Europe. A part les constitutionnels, qui ne reculaient devant aucun serment, il y avait eu peu de *soumissionnaires* en 1795. Les prêtres, en général, aimèrent mieux rester éloignés de leur patrie et de leur troupeau, que d'adhérer, sans restriction, à une constitution qui autorisait le divorce, le mariage des prêtres, l'exil ou la mort des citoyens les plus paisibles, et semblait en plusieurs points la violation flagrante des lois de l'Eglise et de l'humanité.

La *promesse de fidélité* à la constitution de l'an VIII paraissait, à la première vue, aussi impossible que *l'acte de soumission* de 1795 ; mais le Gouvernement qui voulait renouer avec l'Eglise, leva lui-même les honorables scrupules du clergé. Le Ministre de la police générale, par l'organe du *Moniteur* (1er janv. 1800) et des autres journaux, déclara que, par la *promesse de fidélité*, l'on ne demandait ni adhésion intérieure à la constitution, ni approbation des lois existantes, mais seulement l'engagement de ne pas troubler l'ordre politique établi. Ainsi interprétée par ceux-là même qui la demandaient, la *promesse* devait cesser d'effrayer les consciences; aussi vit-on un grand nombre de prêtres accourir de leur exil, *promettre* et reparaître à la tête de leurs paroisses. Cependant, leur conduite, qui nous paraît si innocente, soulevait de violentes clameurs. La *promesse* avait de nombreux adversaires parmi les fidèles, chez les prêtres et les évêques français. Ces vénérables confesseurs, témoins des longs malheurs de l'Eglise et actuellement encore victimes de la Révolution, repoussaient instinctivement tout contact et toute transaction avec une République impie et cruelle. Pour beaucoup, le seul fait de son existence était un crime. Ne voyant les choses que du fond de leur exil, ignorant ou suspectant l'interprétation de la *promesse* par l'Etat lui-même, associant souvent les opinions politiques aux croyances religieuses par une confusion commune de leur temps, ils donnaient à la *promesse* un sens, une étendue qu'elle ne pouvait plus avoir. Elle impliquait, selon eux, l'approbation du divorce, du mariage des prêtres, de la vente des biens nationaux, de l'interdiction des vœux monastiques, la négation des droits du souverain légitime, une certaine complicité avec les rebelles qui avaient renversé le trône. Le savant Asseline, évêque de Boulogne, n'accordait pas même au sentiment favorable à la *promesse*, d'être une opinion libre. M. de Cheylus, évêque de Bayeux, et, après lui, son Chapitre, défendirent de la faire, sous peine de suspense *ipso facto*. La même défense, sous les mêmes peines, existait dans les diocèses de Nancy, Toul, Metz, Sisteron, Noyon, etc. M. de Bourdeilles, évêque de Soissons, alla jusqu'à déclarer les *promissionnaires* ou *fidélistes*, hors de sa communion. Un membre distingué du clergé de Rouen, M. Jobard, ancien doyen de Notre-Dame-de-la-Ronde, hasarda d'envoyer à Munster un mémoire en faveur de la *Promesse*. Le cardinal lui répondit *qu'il la considérait comme intrinsèquement illicite* (lettre du 20 février 1800). Le 7 septembre suivant, presque à la veille de sa mort, il lui écrivait encore *que les promissionnaires entraient dans la classe des prêtres qui avaient fait tous les serments de la Révolution.* Les *promissionnaires* ne pouvaient alléguer pour leur défense que le sentiment de quinze évêques environ, sur quatre-vingt-dix encore vivants, et le silence du Saint-Siége. Il était remarquable, en effet, que Rome, si prompte à condamner le serment schismatique de 1791, Rome actuellement consultée par tous les prélats opposés à la *promesse*, gardait depuis longtemps le silence, et que le Nonce, à Paris, affectait d'aller aux offices des *promissionnaires.*

Mais, à Rouen, les lettres récentes du cardinal, livré dans les derniers temps à son secrétaire intime, l'abbé L'Ecouflet, proto-notaire apostolique, ennemi déclaré de la *promesse*, enhardissaient le parti des *antifidélistes* (1) ; ils ne craignaient pas d'assimiler les *promissionnaires* aux anciens *sermentés ;* ils s'appelaient eux-mêmes les *purs*, les *intacts*, et entretenaient parmi les fidèles une agitation menaçante.

Telle était la fermentation des esprits dans le diocèse, lorsque le Chapitre prit en main le gouvernement. Allait-il interdire la *promesse*? C'était interdire aux prêtres le

---

(1) Dans son livre intitulé : *Le Docteur Romain ou Entretiens sur les Démissions*, p. 187-188, M. Baston, témoin oculaire, nous révèle toute l'influence que l'abbé L'Ecouflet avait sur le cardinal et sur l'évêque de Secz ; celui-ci avait été le précepteur de Louis XVI et de tous les Princes ses frères.

retour dans leur patrie, repousser les avances de l'Etat, prolonger sans fin la viduité des églises, la clandestinité des offices, et l'abandon si fatal du culte public. Allait-il l'autoriser de ses paroles ou de ses exemples? C'était aller manifestement contre le sentiment connu d'un grand nombre d'évêques, et donner un scandaleux démenti aux enseignements du saint et bien-aimé cardinal qui venait de fermer les yeux. Dans une aussi grave alternative, le Chapitre, quoique favorable à la *promesse*, se garda bien d'enflammer les esprits en prenant ouvertement un parti. Tenant la balance égale entre les deux, il statua (2 janvier 1801) que, dans le renouvellement ou concession de nouveaux pouvoirs, il n'établirait aucune distinction, jusqu'au jugement définitif du Saint-Siége, entre les prêtres *fidélistes* et *antifidélistes*. Son premier manifeste du 18 octobre 1800 est un pressant appel à la concorde et à l'esprit de paix : « *Point de dissensions, point de déchirements, point de schismes ; ne jugez point, condamnez encore moins, surtout gardez le silence quand l'Eglise se tait, et lorsqu'elle n'a point prononcé, gardez-vous bien de prononcer avant elle.... Laissant à chacun la liberté des opinions permises, évitez toute question contentieuse, tout jugement précipité, et gardez-vous bien de semer schisme sur schisme, jaloux de conserver l'heureuse unité de l'Esprit, dans le lien désiré de la paix.....* » Il signale, mais avec ménagement, aux fidèles, *les esprits ardents, les hommes inquiets qui pourraient leur insinuer le dangereux langage de la désobéissance, et les entraîner peut-être dans les routes séduisantes de l'indiscipline et de la nouveauté.* Rien ne saurait surpasser la sagesse de principes, la modération de langage, qui règnent d'un bout à l'autre de cet écrit, si ce n'est la grandeur d'âme, l'élévation du sentiment apostolique avec lesquelles le Chapitre prêche aux ministres des autels l'abandon et l'oubli de leurs anciennes richesses.... « *De tout ce que le monde nous a ravi, ne redemandons que le libre exercice du sacré minis tère; de tout ce que nous avons perdu, ne regrettons que les âmes....* »

Tout ce que le diocèse renfermait de ministres instruits, d'hommes modérés, goûta ce langage élevé, ces insinuations pacifiques; mais beaucoup d'autres, pour une question indécise, s'armèrent d'une résistance inflexible et d'une implacable animosité. Ils tonnèrent, fulminèrent, et, sans attendre le jugement de l'Eglise sur la moralité de la *Promesse*, décidèrent, d'autorité privée, que les *soumissionnaires* ne pouvaient être, ne seraient jamais catholiques; qu'en conséquence, on ne devait plus communiquer avec eux, ni assister à leur messe, et qu'il fallait leur refuser, comme à des prêtres scandaleux, les ornements pour la célébration du Saint-Sacrifice. Enfin, pour mettre le comble au scandale de la rupture, ils partagèrent, par un mur de séparation, la petite chapelle des Gravelines, ou *fidélistes* et *antifidélistes* avaient jusque-là prié en commun. L'Eglise constitutionnelle, près de s'éteindre, respirait et triomphait à l'ombre de ces déplorables divisions (1). Généralement, c'étaient des prêtres obscurs ou étrangers au diocèse qui fomentaient ce schisme, entr'autres un abbé Chaumont, ancien vicaire de Limay, près Mantes, et un abbé Clément, dont le nom est devenu fameux en Normandie. Forts de la confiance illimitée de l'Eglise et des pouvoirs sans bornes qu'elle accorde en temps de persécution, ils se constituaient dans une véritable indépendance, s'isolaient au sein de leur petit troupeau, et, certains de ne pas être repris, s'érigeaient

____

(1) Lettre pastorale de M. de Beaulieu, 11 février 1801, p. 11 et 12.

en juges de la foi. Telle était la *plaie des petites chapelles,
la plus grande,* dit M. Baston, *que la révolution eût faite
à l'Eglise* (1). Tous se donnaient mission de sauver l'Arche
sainte, obéissaient et commandaient à la fois. Sous le
manteau de ce zèle, sans règle et sans guide, on vit des
imposteurs s'introduire dans des familles simples et con-
fiantes, y exercer les fonctions d'un prétendu sacerdoce,
et subsister longtemps de ce commerce impie.

A ces désordres inséparables d'un profond bouleverse-
ment, le Chapitre apporta de prompts et sages remèdes :
il ordonna de dresser un tableau exact de tous les prêtres
exerçant dans le diocèse, révoqua tous les pouvoirs généraux accordés, soit de vive voix, soit par écrit. A dater de
la Trinité 1801, il interdit l'exercice du ministère à tout
prêtre qui n'aurait pas obtenu des pouvoirs spéciaux,
délivrés dans la forme autrefois usitée. Il établit de distance
en distance, dans le diocèse, des ecclésiastiques remplissant
les fonctions de doyens ruraux (2 janvier 1801) ; il défendit de célébrer la messe dans des lieux peu décents,
pendant la nuit ou sans répondant (16 juin 1801). Ainsi
s'établirent peu à peu l'ordre et la lumière dans le chaos
que la Révolution avait fait.

Par ménagement pour les faibles, les grands-vicaires
capitulaires et l'élite du clergé rouennais s'abstinrent longtemps de faire la *promesse.* Enfin, le 29 mars 1801, MM. de
Saint-Gervais, Jobard et Quillebeuf, pressés peut-être par
l'autorité civile, se rendirent ensemble à la Commune et
promirent *fidélité* ; MM de Boisville et Baroche les imitèrent
le lendemain ; M. Manouri, le 18 avril ; M. de Sozai,

-----

(1) *Exposition de la conduite que M. Baston, nommé à l'évéché
de Séez, a tenue dans ce diocèse, et de celle qu'on y a tenue à son
égard,* par M. Baston lui-même, p. 88.

le 20 ; MM. Papillaut, Malleux et Motte, le 30 ; MM. de
Goyon, ancien grand archidiacre, de Gouyon, chanoine,
de Belménil, Leboulleux. Quévremont, de la Bruyère,
Turgard, de Chevanne. Dubosc, ne *promirent* qu'en juin,
juillet et août 1802, et M. Tuvache, le 30 septembre de
la même année. L'abbé Chaumont avait aussi fait sa
soumission à la Commune le 11 juin précédent.

Ce fut le signal d'un redoublement de colère parmi les
antifidélistes ; ils accusaient sérieusement les grands
vicaires capitulaires de perdre l'Eglise, livraient leurs mandements au persifflage des journalistes et même des vau-
devillistes. Selon eux, pour faire la *Promesse*, il fallait être
imbécille ou *scélérat*. En conséquence, ils publiaient que
M. de Saint Gervais et ses confrères en étaient au repentir,
mais que ce n'était pas assez, et qu'il fallait une rétractation
ou un désaveu. Ils lançaient dans le public des écrits incen-
diaires, dont les titres seuls indiquaient la violence : *Périls
des temps présents. — Lisez si vous le voulez. — Aperçu
sur le serment de haine à la Royauté*, (la promesse). *— Le
cri de la Religion. —* Ils réimprimèrent et répandirent à
profusion les dernières lettres du cardinal de la Rochefoucauld et un long plaidoyer contre la *Promesse*, adressé,
sous forme de lettre, à M. de Boisville, par M. G. de B...,
grand-vicaire de Bayeux.

Cependant, le Chapitre demandait avec autorité à ces
zélateurs incommodes quel Evangile leur donnait le droit
de censurer des pasteurs qui, au moyen d'une promesse
qu'ils croyaient licite et qui n'était pas condamnée, *venaient
reprendre le soin des âmes, évangéliser les pauvres,
rompre à tous le pain de la parole, devoir rigoureux,
obligation indispensable, qui ne doit céder qu'aux raisons les plus fortes, jamais au simple doute, toujours
à la certitude reconnue du péché* (2 janv. 1801). En
même temps, M. Baston, toujours à Coesfeld, envoyait à

ce clergé rouennais qui se déchirait de ses propres mains, au lieu de s'unir pour réparer les ruines du sanctuaire, sa *Branche d'olivier*, écrit plein de sagesse et de modération. Un anonyme publia la *Défense de l'Eglise soumissionnaire contre les calomnies dirigées contre elle*. M. Pinard, ingénieur et chevalier de Saint-Louis, donna le *Témoignage de l'Eglise, depuis les Apôtres jusqu'à nos jours, en faveur de la promesse de fidélité*, écrit savant et vigoureux qui redoubla la fureur de ses adversaires. Un inconnu, sous le pseudonyme *d'Enifret du Pratel*, répondit. en établissant dans quatre *Lettres*: que le droit héréditaire des terres et celui des couronnes sont également sacrés, que la révolte n'est jamais permise, et autres maximes politiques et morales qu'il croyait tomber à plomb sur la tête des *fidélistes*.

Il ne manquait qu'un chef spirituel aux *antifidélistes* pour faire Eglise : le malheur des temps le leur donna. Les siéges de Bayeux, de Coutances, de Lisieux et d'Evreux, étaient vacants par la mort des titulaires et Pie VII, par un indult du 1er juin 1801, établit M. l'évêque de Seez, J.-B. du Plessis d'Argentré, administrateur de toutes les Eglises de la province, *dans lesquelles il n'y aurait pas de vicaires capitulaires, élus conformément aux décrets du Concile de Trente*. Cet indult ne conférait aucune juridiction au prélat sur le diocèse de Rouen ; le Chapitre avait rempli les formalités voulues par le Concile, et fait ses élections en temps utile. Si des doutes avaient pu s'élever sur leur validité, Pie VII les avait fait disparaître en adressant des félicitations aux vicaires capitulaires de Rouen, en leur expédiant tous les jours des dispenses, en les traitant publiquement comme les légitimes administrateurs du diocèse.

Cependant, malgré ces faits qu'ils eurent soin de rendre publics (lettre du 16 juin 1801), deux mandements des 15 et 27 juillet furent coup sur coup lancés dans la ville et le diocèse, comme de nouveaux brandons de discorde. Le premier, signé de l'évêque de Seez, à Munster, notifiait ses pouvoirs prétendus au clergé et aux fidèles de l'Eglise de Rouen ; le second émanait de l'abbé Clément, dont nous avons parlé, et que le prélat venait de nommer grand-vicaire et official pour gouverner le diocèse en son nom. L'abbé Clément, déclarait vicieuse l'élection des vicaires capitulaires, annulait tous les pouvoirs accordés soit par le cardinal de la Rochefoucauld, soit par le Chapitre, et déclarait que tout prêtre devait prendre des pouvoirs de lui pour remplir validement les fonctions de son ministère. Ainsi croulait tout ce que le Chapitre avait péniblement édifié depuis dix mois; ainsi retombaient dans un nouveau chaos les consciences des prêtres et des fidèles, si ces pièces avaient trouvé crédit dans le diocèse. Elles y produisirent d'abord une agitation profonde et une confusion telle que les grands-vicaires capitulaires la comparent *au bruit tumultueux d'une mer violemment agitée* (lettre du 22 déc. 1801). M. de Saint-Gervais et ses deux confrères firent tête à l'orage, en publiant un Mandement postérieur de neuf jours à celui de l'évêque de Séez. Ils savaient depuis longtemps que l'abbé Lécouflet faisait tout ce qu'il voulait à Munster (1); ils n'hésitent pas d'affirmer que le Mandement, s'il était du prélat, *avait été surpris à sa religion et à son grand âge, par des hommes égarés ou de mauvaise foi, qu'on se servait d'un nom respectable pour tromper les fidèles, et qu'aux termes de l'indult du 1er juin, son autorité était nulle dans le diocése de Rouen* (24 juillet 1801).

L'abbé Clément appuya son entreprise par des écrits de toutes sortes, réchauffa son parti par des diatribes vio-

---

(1) *Le Docteur romain*, par M. Baston, p. 188.

lentes contre l'administration capitulaire ; il ne put entamer sérieusement la masse des prêtres et des fidèles. Mais il vit accourir sous sa bannière, avec quelques ecclésiastiques vertueux, avec quelques anciennes religieuses et quelques familles honorables et pieuses, tous les ennemis exaltés et irréconciliables de la *promesse*, les prêtres acéphales, mécontents du Chapitre ou rebelles à son autorité, les atrabilaires qui, en pleine paix, s'obstinaient à célébrer la nuit, et se croyaient toujours sur le chemin du martyre, des ministres cupides qui tenaient avant tout au petit troupeau qu'ils s'étaient approprié dans la persécution. Ainsi s'établit, à Rouen, le schisme des *Clémentins* qui devaient bientôt se confondre avec la secte plus étendue des *anti-concordatistes*, dite aussi de la *petite Eglise* ; à peine s'il en reste quelques vestiges dans la haute Normandie. Mais, à l'origine, l'entreprise de Clément avait renversé bien des têtes, soufflé la discorde dans l'Eglise de Rouen et dans beaucoup de familles du diocèse. Pie VII s'alarma de ces funestes divisions, et pour en étouffer les germes, il envoya à Rouen, par l'intermédiaire du cardinal Caprara, M. l'abbé de Salamon avec le titre d'administrateur apostolique. MM. de Saint-Gervais, Papillaut et Malleux, bien que forts de leur droit appuyé sur les dispositions du concile de Trente et les lois de la discipline universelle, n'eurent garde de réclamer contre l'intervention de l'autorité pontificale, dans le moment même où un grand nombre d'évêques français donnaient un immortel exemple de soumission en faisant le sacrifice de leurs siéges. *Tenant à gloire leur déférence*, à l'exemple de Bossuet, ils abaissèrent l'autorité capitulaire devant l'envoyé du Saint-Père. Ils le reçurent avec de grands honneurs dans l'église Saint-Ouen, déposèrent leurs pouvoirs entre ses mains, et firent connaître dans une longue *Lettre*, au clergé et aux fidèles, le nouveau chef qui leur était donné (22 déc. 1801).

Ce changement fut peu sensible, car M. de Salamon, sans entrer directement dans la question brûlante de la validité de l'élection capitulaire, commença sa mission *par se donner pour adjoints et pour coopérateurs ceux qui, précédemment honorés de la confiance de M. de La Rochefoucauld, se trouvaient placés à la tête du diocèse en qualité de vicaires généraux.* Ainsi leur autorité, quelle que fut sa source première, s'appuyant désormais ostensiblement sur le siége apostolique, paraissait à l'abri de toute attaque. Rome avait parlé par son envoyé ; il ne restait plus de prétextes aux scrupules ni à la mauvaise foi. Aucune prétention n'était possible, au nom de M. de Séez, sur le diocèse de Rouen.

Cependant l'audacieux Clément, loin de se rendre, consomma son schisme en opposant au Saint-Siége une résistance désespérée. Nous avons sous les yeux *l'Acte d'opposition* par lui signifié à M. de Salamon, *soi-disant administrateur du diocèse de Rouen* (24 déc. 1801) ; il qualifie sa mission d'attentat contre les décrets du concile de Trente, contre les induits de Pie VI et de Pie VII. Il lui interdit de se porter pour administrateur du diocèse, d'en faire aucune fonction sous peine de suspense *ipso facto*, et défend à tout ecclésiastique de reconnaître son autorité. M. de Beaulieu, quoique démissionnaire depuis le 13 octobre, protesta aussi en termes assez dédaigneux contre la mission de M. de Salamon (27 déc. 1801). Après avoir déclaré que le Mandement des vicaires capitulaires à ce sujet *a excité sa surprise et sa commisération.... que jamais l'Eglise de France, laissée à elle-même, ne consentira à voir qui que ce soit, fût-ce le pape, convertir en pays de mission cette belle portion de l'Eglise universelle....* Il termine ainsi : *Les ecclésiastiques exerçant sous l'autorité de l'évêque de Séez, ont déclaré ne tenir aucun compte des pouvoirs prétendus de M. de Salamon ; ils lui ont même signifié, malgré tous les honneurs prodigués à son titre dans l'église Saint-Ouen, une protestation contre ce qu'il pourrait entreprendre.... Si tel est le peu d'effet de sa prétendue mission sur l'esprit de ceux mêmes auxquels il est spécialement adressé, à combien plus forte raison devons-nous la regarder comme non avenue, nous qui faisons hautement profession de nous régir par les règles canoniques, nous qui n'avons fait qu'au bien public le sacrifice du titre dont nous continuons de remplir les fonctions, jusqu'à remplacement légitime.....* (1)

Ainsi paraissaient triompher encore le schisme et l'erreur, au moment même de leur défaite; mais le Chapitre s'inquiéta peu de leurs derniers murmures. Le *Concordat*, tant désiré entre l'Eglise et l'Etat, allait être mis en vigueur; c'était le rivage après une longue et cruelle tourmente. Les grands-vicaires capitulaires, debout sur les débris d'un double schisme, pouvaient entonner ce chant de triomphe qui dut faire tressaillir les cœurs chrétiens...

« Dites au peuple fidèle qu'en vain on a essayé de troubler la sainte allégresse de ses cérémonies religieuses, qu'en vain on a voulu convertir de nouveau, en une silencieuse tristesse, la joie éclatante de ses chants; dites lui de célébrer avec confiance, au milieu de Juda, ses solennités et ses fêtes, et de faire retentir plus que jamais ses actions de grâces, ses vœux et ses cantiques; car c'est ce que nous promet l'ambassade toute céleste de cet homme évangélique qui vient par delà les montagnes, nous apporter la paix, nous annoncer le bonheur, et, en rétablissant les autels du Très-Haut, arracher les lieux

---

(1) Nous connaissons cinq circulaires de M. de Baulieu, postérieures à sa démission. Elles sont des 2 novembre et 27 décembre 1801, des 16 janvier, 18 février et 27 mars 1802.

saints aux dernières profanations de l'impiété et du schisme, dont bientôt il ne restera plus de traces. » (*Lettre du 22 déc. 1801*).

En effet, la secte de Clément rentra dans l'ombre où elle devait forcément s'éteindre faute d'évêques et de prêtres (1). Les constitutionnels signèrent en masse cette formule : « *Nous déclarons abandonner volontairement la constitution civile du clergé* », pour rentrer en grâce auprès du Saint-Siége (25 avril 1802); et le jour même de son installation (23 mai suivant), Monseigneur Etienne-Hubert Cambacérès, archevêque de Rouen, par l'autorité du siége apostolique, put exercer une juridiction incontestée. Dans les circonstances difficiles qu'on venait de

---

(1) Nous réunissons ici quelques renseignements puisés à bonne source sur ce personnage à la fois célèbre et peu connu. Clément était originaire de Caen. La révolution le trouva chapelain et directeur d'une communauté religieuse à Dieppe. On pense qu'il n'émigra pas. En 1800, il était à Rouen, à la tête du parti *anti-fidéliste*, lequel, par une correspondance active, balançait l'influence de MM. de Saint-Gervais, Papillaut et Malleux, à Munster, auprès du cardinal et de l'évêque de Séez, ou plutôt, auprès du secrétaire particulier, l'abbé Lécouflet, qui était le conseil de ces deux vieillards presques nonagénaires. Quand l'évêque de Séez, après la mort du cardinal, se crut, de droit, administrateur de l'Eglise de Rouen, il choisit l'abbé Clément pour son grand-vicaire en cette ville. Son acte d'opposition contre la mission de M. de Salamon, sa qualité de chef d'un parti qui refusait la *fidélité* au Gouvernement et sa soumission au nouveau concordat, valurent à l'abbé Clément d'être arrêté, dans une maison de la rue du Champ-des-Oiseaux, le Vendredi-Saint 1802, au moment où il terminait l'office du matin; il attribua son arrestation à l'influence du cardinal Caprara, qui disposait tout pour la prochaine installation de Monseigneur Cambacérès. Conduit sur la frontière d'Italie, il choisit Turin pour sa résidence, et de là lança des écrits pleins d'amertune contre l'évêque de Séez, qui, pour éviter les malheurs du schisme, avait, ainsi que son frère, l'évêque de Limoges, retiré tous pouvoirs à ses grands-vicaires, et donné, à Munster, son adhésion au

traverser, trois hommes surtout, MM. de Saint-Gervais, Papillaut et Malleux, avaient bien mérité de l'Eglise de Rouen : leurs Lettres, leurs Mandements, lancés en face de contradicteurs emportés, au milieu des rugissements des partis, resteront comme des monuments de leur sagesse profonde, de leurs hautes et fermes vues.

Par son décret exécutorial du 6 messidor an X (28 juin 1802), Monseigneur Cambacérès créa un nouveau Chapitre dans lequel entrèrent huit membres de l'ancien : MM. de Saint-Gervais, doyen et vicaire général, de Boisville, vicaire général, Papillaut, Arvillon de Sozai, de Quiefdeville de Belménil, Manouri, Baroche et Baston. Mais leurs prébendes, leurs priviléges, leurs exemptions n'é-

---

concordat. Clément ne reparut à Rouen qu'en 1814 ; il établit son domicile et sa chapelle dans une maison de la rue des Minimes. Le 29 novembre de la même année, il y signa et publia l'écrit suivant sans nom d'imprimeur : *Protestation des prêtres catholiques de Normandie, adressée à NN. SS. les évêques non démis.* 16 p. in-8° 1814. C'est la répétition des éternelles plaintes de la secte contre les démissions des évêques, le concordat, la réconciliation des constitutionnels, les évêques institués par Pie VII, *pape endurci, notoirement fauteur du schisme et de l'hérésie, auquel on devra refuser la sépulture ecclésiastique.* (Canonicæ exspostulationes, p. XVIII. *édition de* 1820). En 1823, Clément quitta la rue des Minimes pour aller habiter Gournay. M. l'abbé Coudrin, vicaire général du cardinal prince de Croï, en tournée pastorale dans ce canton, eut une entrevue avec le sectaire ; mais il tenta en vain de le ramener à l'unité. Clément revint à Rouen en 1832, et y mourut à 83 ans environ, le 4 juin 1833, dans une maison de la rue Saint-Maur, qui portait et porte encore le n° 31 ; il était d'un caractère dur et emporté, qui choquait souvent ses adhérents eux-mêmes. Son véritable nom était Dubois (François-Clément) ; il avait pris le nom de Clément pendant la révolution, sans doute pour tromper les recherches des révolutionnaires. MM. d'Argentré étaient morts tous deux à Munster, l'évêque de Séez, le 24 février 1805, à 85 ans ; et l'évêque de Limoges, en avril 1808.

taient plus ; leur costume même était changé. Ils accep-
tèrent celui qu'ils avaient rejeté en 1775, malgré les insti-
gations du Chapitre d'Evreux, et que les constitutionnels
avaient introduit à Notre-Dame, savoir : le rochet et une
simple mosette entièrement noire, pour toutes les saisons(1).
M. Duval était mort à Rouen le 11 août 1798. MM. des
Moulins, d'Angerval, de La Rue, de Bonissent, tous octo-
génaires, le précédèrent ou le suivirent de près dans la
tombe. Celui-ci, conseiller-clerc au Parlement, à l'instiga-
tion de Mme Louise de France, Carmélite, fille de Louis XV,
avait aidé puissamment à la fondation du Carmel
d'Alençon (1780), couvent établi par un prince philosophe,
Monsieur, depuis Louis XVIII, à la veille de la ruine générale de tous les couvents (2). Le nom de M. Lebaillif-
Ménager figure dans le nécrologe des prêtres français
morts en Angleterre en 1797 et 1798. Il était fils d'un
avocat-général, et petit fils de ce Nicolas Lebaillif, avocat
de Rouen, ambassadeur de Louis XIV en Angleterre, en
Espagne, en Hollande, qui *ménagea* si bien les intérêts de
la France dans le traité d'Utrecht, qu'il reçut le titre de
comte de Saint-Jean, avec le surnom de *Ménager*. Nous
n'avons aucune preuve que MM. de Morlet et Osmont aient
revu la France. La police en refusait l'entrée à M. Bridelle
en 1800, à moins qu'il ne s'engageât d'avance à faire la
promesse de fidélité. Après cela, M. Bridelle nous échappe.
Quant à M. d'Oilliamson, dont les ancêtres étaient venus
d'Ecosse s'établir en France sous Charles VIII, il put trouver
un asile chez les membres de sa nombreuse famille, établis

----

(1) Le Chapitre de Rouen, vers 1840, a adopté pour l'hiver, le
manteau noir sans queue à parements de velours noir, et par-
dessus, la mosette également noire, avec bordure d'hermine.

(2) Archives des Carmélites de Rouen.

dans les trois royaumes de la Grande-Bretagne. La branche de Normandie à laquelle il appartenait, s'était subdivisée en deux rameaux : les d'Oilliamson de Courcy et les d'Oilliamson d'Ouilly.

M. de Saint-Gervais ne vécut que pour voir le Chapitre renaître de ses ruines ; il mourut le 27 octobre 1803, à 80 ans. M. Papillaut lui succéda dans la dignité de doyen, et s'éteignit lui-même, le 27 décembre 1810, à 88 ans. M. Crespin était âgé de 85 ans, lorsqu'il mourut le 11 février 1813. Réintégré dans le Chapitre peu après sa restauration, il exerça jusqu'à la fin le ministère de la chaire qui avait rempli sa vie, même en exil. D'anciennes et incurables infirmités avaient enlevé M. Rondel à 68 ans, le 18 janvier 1803. M. de Belménil termina sa carrière à 88 ans, le 11 mars 1822, et M. de Sozai, à 83 ans, le 18 août 1811. Depuis sa rentrée en France, il allait souvent, dans les musées de Rouen et de la Capitale, contempler avec amour les nombreux tableaux qu'il avait collectionnés à grands frais pendant plus de trente années, et que la révolution lui avait ravis. Passionné pour l'architecture, il avait été, dans l'ancien Chapitre, de toutes les commissions pour les travaux de la Cathédrale ; c'est lui qui, avec MM. d'Angerval et Lebaillif-Ménager, eut, en 1769, la triste mission de faire démolir tous les tombeaux de la chapelle de la Vierge, à l'exception de ceux des cardinaux d'Amboise et des deux Brézé. Dans le tombeau d'Eudes Rigaud, mort en 1276, ils trouvèrent un anneau pastoral en or, dans lequel était enchâssée une très grosse aigue-marine brute, puis une crosse en cuivre rouge émaillé ; la volute, terminée par une tête de serpent, renfermait deux statuettes adossées l'une à l'autre, et tenant un livre sur leur poitrine ; dans le tombeau de Rotrou, mort en 1183, un anneau d'or avec un petit grenat violet ; dans celui de Raoul Roussel, mort en 1452, un gros grenat violet monté en or ; enfin, dans le tombeau de Gautier-le-Magnifique, mort en 1207, une crosse en cuivre rouge émaillé, dont la volute renfermait deux figurines, la Vierge et un Ange lui présentant un livre (1).

Nous pensons que MM. de Goyon ou Gouyon moururent aussi sous l'Empire, nous ignorons où. M. Joseph de Gouyon, chanoine, était depuis longtemps épuisé par de graves maladies. Né dans le diocèse de Saint-Brieux, d'une famille noble mais pauvre, et élevé à Saint-Sulpice, il avait obtenu d'abord le bénéfice-cure de Saint-Prix, non loin de Montmorency. Il tenait aux Gouyon de Beaufort, aux Gouyon de Beauvais, aux Gouyon de Saint-Loyal, et autres branches de cette famille, fort connue en Bretagne (2).

M. Picot mourut à Paris le 30 avril 1818; d'abord membre de l'Oratoire et supérieur de la maison de Riom, il quitta cette compagnie et fut attiré à Bayeux par M. de Rochechouart qui lui donna la cure de Saint-Pair, près Troarn, et un canonicat du Saint-Sépulcre de Caen (1770). C'est à Saint-Pair, auprès de son oncle, que M. Picot, depuis fondateur de l'*Ami de la Religion*, fit ses études, et puisa le goût des connaissances et des affaires ecclésiastiques. Par une permutation de bénéfices, le chanoine du Saint-Sépulcre devint chanoine et sous-chantre de Rouen (1786), d'où la révolution l'éloigna bientôt pour jamais. La régularité de sa conduite, la solidité de ses principes,

---

(1) Inventaire de la grande sacristie 1760, p. 7. Notes marginales ajoutées vers 1780. — Ce qu'on lit dans les *Voyages liturgiques*, p. 271, touchant la forme des crosses de ces prélats, est donc tout-à-fait inexact.

(2) Nous avons vu aux archives départementales, tout une correspondance de M. Joseph de Goyon, et de son frère aîné Louis-Jean de Goyon, chevalier, seigneur comte de Beaufort.

l'exquise politesse de ses mœurs, le firent remarquer parmi les réfugiés de Jersey; il rentra en France en **1802**, suivi d'insulaires qu'il avait ramenés à l'unité catholique. A 80 ans passés, il instruisait encore à la ville et à la campagne, en public et en particulier. Doué de la plus heureuse mémoire, M. Picot était l'histoire vivante de l'Oratoire et de l'ancien clergé; il dut aider puissamment son neveu dans la composition de ses *Mémoires sur l'histoire ecclésiastique* du xviiie siècle (1).

MM. Dubosc et Quévremont, professeurs émérites de l'ancienne Université, reparurent à Notre-Dame comme chanoines honoraires; le premier, à 80 ans, aimait et sentait ses poètes latins, comme à la fleur de l'âge; quand il répétait la belle strophe à la louange du prince des Apôtres :

> Roma ditaris, moriente Petro,
> Fis potestatis potioris heres,
> Et majus bello tibi christiana
> Pax decus addit.

Cet heureux rapprochement d'idées, la noblesse, la concision des expressions, l'électrisaient, le transportaient; il se découvrait par respect pour le poète et ses vers, et invitait gravement l'interlocuteur à l'imiter (2). M. Dubosc mourut en **1818** (4 février), à **85** ans; M. Quévremont s'éteignit vers la même époque.

---

(1) *Ami de la Religion*, 13 mai 1818.

(2) Cette strophe est un texte de saint Léon, mis en vers par U. Robinet, auteur du *Bréviaire de Rouen. Roma, quamvis multis aucta victoriis, jus imperii tui terrâ marique protuleris : minus tamen est, quod tibi bellicus labor subdidit, quam quod pax christiana subjecit.* (Sermo 1. in natal. Apost.)

M. Harel ne rentra en France qu'en 1814, après 22 ans d'exil, et mourut vers 1820. M. de Paul de Marbeuf, retiré dans son château de Marbeuf (Eure), y vécut jusque vers 1815, paralytique et accablé d'infirmités qu'il avait contractées pendant sa captivité. M. Tuvache, devenu doyen du Chapitre, fut nommé à l'évêché de Séez en 1817 ; sa nomination se lit dans tous les journaux de l'époque. Mais on sait que sa modestie trompa les vœux de Louis XVIII et de son ministre ; il était alors premier vicaire-général : c'est en cette qualité qu'il administra et inhuma le cardinal Cambacérès, qui avait placé en lui toute sa confiance (1818). M. Tuvache lui survécut jusqu'aux premiers jours d'avril 1823.

On sait que M. Baston avait été nommé avant lui à Séez, et n'avait pu obtenir l'institution canonique. Je ne puis le suivre au sacre de l'empereur avec le cardinal Cambacérès, ni en Westphalie, où ses anciens hôtes le redemandèrent en 1805, ni au sein de l'Académie de Rouen qu'il présida souvent en 1809, en l'absence de M. Savoye-Rollin, préfet du département, ni au concile de 1811, où il satisfit beaucoup trop Napoléon pour ne pas froisser Pie VII ; encore moins dans le diocèse de Séez qu'il essaya de gouverner avant la confirmation du Saint-Siége, et où il souffrit beaucoup, sans profit pour l'Eglise ni pour son honneur. Parvenu à l'âge de quatre-vingt-quatre ans, il termina sa laborieuse carrière, dans sa retraite de Saint-Laurent, près Pont-Audemer, le 26 septembre 1825.

Je n'ose rappeler le nom de M. de Pradt, ni toucher à une vie si agitée. Comment pourrais-je le montrer d'abord dans les misères de l'émigration, puis baron de l'Empire et *aumônier du dieu Mars*, comme il disait plaisamment, puis évêque de Poitiers et archevêque de Malines où il ne siégea guère, ambassadeur de l'empereur à Varsovie, grand chancelier de la Légion d'honneur en 1814, député libéral en 1827 ; enfin agriculteur, occupé du régime des terres et des troupeaux , ainsi que l'abbé de Tressan, son ancien collègue auprès du cardinal de la Rochefoucauld ? Disons seulement avec l'histoire , que M. de Pradt céda trop à la mobilité de son imagination, à l'entraînement des partis , au désir de briller et de faire du bruit. Du reste, c'était l'homme de France qui connaissait le mieux l'histoire contemporaine, appréciait le plus finement les hommes et les choses. L'abondance de ses idées , la verve de ses expressions , l'originalité de ses saillies donnaient à sa conversation un charme inexprimable ; il mourut le 18 mars 1837.

Plus grave et plus pure est la renommée de M. de Boisville , le dernier des évêques sortis de cet ancien Chapitre de Rouen , qui en avait tant donné à l'Eglise de France. Chanoine depuis 1782 et longtemps vicaire général, il fut contraint, en 1822 , d'accepter l'évêché de Dijon. Il y déploya beaucoup de zèle et de fermeté jusqu'à sa mort, arrivée le 27 mai 1829. M. de Boisville tenait, par le sang ou les alliances, aux des Hommets de Martainville, aux Belhomme de Glatigny, aux Belhomme de Franqueville. Vice-président de l'Académie de Rouen en 1811 , il répondit éloquemment au discours de réception de M. de Sesmaisons sur l'influence que les lettres anciennes doivent exercer sur les lettres modernes. Le répertoire de cette Société a conservé de lui une charmante idylle , imitée du Cantique des Cantiques , sur les agréments de la campagne (1806), et une spirituelle invective , en grands vers, sur la démangeaison d'écrire (1809).

M. Marion , revenu d'Angleterre en 1803, termina d'abord l'éducation de MM. de Luppé , et embrassa, en 1806, la carrière universitaire. Jusqu'en 1827 , époque de sa mise à la retraite , il professa tantôt les belles-lettres, tantôt l'histoire au lycée Bonaparte, depuis collège

Bourbon. Il est mort à Paris en 1846 (6 octobre), dans sa quatre-vingt-quatrième année. M. Manouri , devenu membre du nouveau Chapitre , avait terminé sa carrière à quatre-vingt-onze ans , le 24 mai 1830. Enfin , nous avons vu M. Baroche, longtemps grand chantre, s'éteindre le 24 juillet 1847 , presque centenaire (96 ans). En lui, si M. Outrequin de Saint-Léger ne lui a pas survécu , finissait l'antique et illustre Compagnie dont nous avons tenté de reconstruire les derniers temps.

Dépouillé soudainement de ses honneurs et de ses richesses, livré au mépris et aux vengeances populaires, le Chapitre de Rouen avait souffert en silence cette adversité. Mais quand la Révolution prétendit toucher à ses droits spirituels, effacer son nom de la hiérarchie, transporter à la puissance civile l'autorité de l'Eglise , sauf un nonagénaire dont l'âge peut expliquer la défection, il opposa à ses ennemis une résistance unanime , et les étonna par la fermeté de son langage et la solennité de ses protestations.

Plus tard , quand la tempête a dispersé ses membres, on les voit soutenir l'honneur de l'Eglise, dans les royaumes étrangers , par leur zèle , leur éloquence , leurs écrits, leur dénûment glorieux ; dans les prisons de Rouen , par un courageux oubli d'eux-mêmes ; sur les pontons de Rochefort, par l'héroïsme d'un long martyre.

Enfin , la dernière , la plus difficile épreuve de la Compagnie , fut de porter le poids du gouvernement pendant la longue vacance du siége et dans les plus délicates conjonctures. La législation était hostile , le schisme constitutionnel en possession du diocèse , le clergé orthodoxe habitué à une vie errante , à un ministère sans limites et sans contrôle , immodéré dans ses regrets et dans ses espérances, partagé en deux camps qui se lançaient l'anathème. Le Chapitre trouva dans son sein des hommes à la hauteur de cette tâche. Par leur politique impartiale et ferme, ils se firent écouter de tous les partis ; par l'oubli magnanime de leur ancienne splendeur, comme de leurs récentes blessures, ils apprirent au clergé à s'élever au-dessus du tourbillon des opinions et des intérêts du temps, à s'unir aux sacrifices de l'Eglise pour la réconciliation des deux puissances, à ne demander que la liberté d'accomplir en paix sa mission divine. Cette forte raison, cette habileté consommée, unies dans ces vieillards à d'austères vertus, les rendirent maîtres des esprits et des cœurs. L'Eglise de Rouen, dont ils furent les modèles et les guides, redit encore leurs noms avec une vénération que le temps n'a pas affaiblie (1).

---

(1) Consulter, pour ce IVe chapitre : *Recueil d'écrits utiles aux ecclésiastiques et aux fidèles de la communion*, de M. le cardinal de la Rochefoucauld, 2 vol. in-12, 1800 et 1801 ; compilation très curieuse d'opuscules *antifidélistes* et *clémentins*. — *Lettres et Mandements du Chapitre en 1800 et 1801*.— *Le docteur Romain*, par M. Baston. — *La Branche d'olivier*, par le même. — *Exposition de la conduite de M. Baston à Séez*, par lui-même, 96 p. in-8°. — *Lettres de M. de Beaulieu. Actes de son concile et de son synode.* — *Défense de l'Eglise soumissionnaire.* Rouen 1801, 36 p. in-12, — *Le témoignage de l'Eglise, depuis les apôtres jusqu'à nos jours, en faveur de la promesse de fidélité.* Rouen, an IX, 36 p. in 12. — *Éphémérides normandes*, t. 1er. v° d'Argentré, etc., etc.

—

Extrait du *Précis* de l'Académie des Sciences, Belles-Lettres et Arts de Rouen, année 1854-1855.

—

Rouen. — Imp. de A. Péron.